Para

con votos de paz.

Divaldo Franco

Por el espíritu

Manuel Philomeno de Miranda

Perturbaciones Espirituales

Buenos Aires – 2016

© 2016 – Centro Espírita Caminho da Redenção
1ra. edición – 500 ejemplares
Título del original en portugués: Perturbações Espirituais
© 2015 – Centro Espírita Caminho da Redenção

Traducido por: Gabriel Lezcano y Jaime Lezcano
Revisión: Equipo de la Institución Espírita "Juana de Ángelis" (Argentina)
Edición electrónica: Ailton Bosco
Tapa: Cláudio Urpia
Supervisión editorial: Prof. Luciano de Castilho Urpia

Coordinación gráfica: Livraria Espírita Alvorada Editora
Rua Jayme Vieira Lima, nº 104 – Pau da Lima
CEP.: 41325-000 Salvador – Bahia – Brasil
Telefax: (+5571) 3409-8310/8311
E-mail: leal@mansaodocaminho.com.br
Homepage: www.mansaodocaminho.com.br

Datos Internacionales de Catalogación en la Publicación(CIP)
Catalogación en la Fuente
BIBLIOTECA JUANA DE ÁNGELIS

(F825)   FRANCO, Divaldo Pereira (1927)
Perturbaciones Espirituales – 1. ed./ Por el Espíritu Manuel Philomeno de Miranda [psicografiado por] Divaldo Pereira Franco. Buenos Aires: LEAL, 2016. Traducción de Gabriel Lezcano y Jaime Lezcano.
p. 256.
ISBN: 978-85-8266-159-8
1. Espiritismo 2. Obsesión 3. Mediumnidad 4. Centro Espírita
I.Franco, Divaldo Pereira. II. Título
CDD: 133.93

Impreso en la Argentina
Prezita en Argentina

Índice

Perturbaciones Espirituales

Vivimos en un universo constituido de energía que se expresa a través de ondas, vibraciones, mentes e ideas, las cuales se condensan en materia y retornan al nivel inicial incesantemente.

En él todo vibra, pues no existe el reposo absoluto ni el absoluto caos.

Aquello que se nos presenta como desorden obedece a principios fundamentales, generadores de futura armonía.

Todo y cualquier movimiento, que es una emisión vibratoria, por más sutil, influye sobre el conjunto, y nada hay que no produzca resonancia, a semejanza de una sinfonía de incomparable belleza, cuyo conjunto de instrumentos diferentes produce el encanto y la musicalidad perfecta.

La materia, en ese indefinible océano vibratorio, es la **energía condensada** *que, con posterioridad a la vigencia de su ciclo, retorna al campo de origen.*

El ser humano, durante el periplo carnal, es el **principio inteligente del Universo**, *que desarrolla los sublimes tesoros que yacen adormecidos en él y, a través de sucesivas reencarnaciones, alcanza el nivel vibratorio sublime, cuando se convierte en Espíritu iluminado.*

En esa prolongada experiencia evolutiva, acumula los valores derivados de las vivencias, y crece siempre en dirección a la perfección relativa que le está reservada.

En cada etapa perfecciona recursos específicos, y se esfuerza para pulir las irregularidades resultantes de los primeros intentos de la fase del instinto, a través del período de la razón, con rumbo hacia la intuición.

*Mediante la acción gloriosa del **deotropismo**, su fatalidad es la plenitud. Mientras transita en las fajas más groseras del proceso evolutivo, se somete a circunstancias penosas, que destruyen los caparazones de la ignorancia para propiciar su discernimiento, lo que lo eleva al conocimiento y la libertad. Sin embargo, ese desenvolvimiento no siempre se produce de manera exitosa, debido al predominio de los instintos agresivos que, a los efectos de la preservación de la especie, lo inducen a valerse de la fuerza, de los ímpetus desordenados, los cuales perdurarán en tanto se prolongue la circunstancia relativa a su formación.*

A cada acción le sigue una reacción equivalente.

En la inmensa oscuridad en que él permanece, la Divina Providencia ha tenido el cuidado de enviarle Embajadores sabios, que han intentado despertarlo a la realidad espiritual que le es legítima.

A través de los milenios sucesivos, esos amorosos maestros y conductores de las masas han buscado demostrarle la transitoriedad del cuerpo, y la perennidad del ser.

Cultos extravagantes, al principio, y sacrificios groseros, han sido las manifestaciones de la vida vibrante, dentro del nivel moral en que se encontraba durante su etapa evolutiva primaria, manifestaciones que culminaron con la llegada de Jesús a la Tierra, bendecida con las incomparables lecciones del amor, que resuelve todas las ecuaciones de la existencia.

Habituado, no obstante, a las energías deletéreas de los sentimientos groseros, el ser humano ha tenido mucha dificultad para aceptar las instrucciones liberadoras inherentes a sus enseñanzas, de modo tal que, inevitablemente, al adaptarlas a sus propias pasiones, generó circunstancias dolorosas para sí mismo.

Jesús tenía conocimiento de los límites humanos y los comprendía. Él expandió su compasión e hizo la promesa de enviar el **Consolador** *en el momento oportuno, cuando los dolores fuesen superlativos y la comprensión mental estuviera más elevada, a fin de que pudiese ampliar sus supremos postulados.*

La legión de seres bienaventurados que constituye el **Consolador**, *trae al Maestro de retorno, y ha estado develando el significado profundo de la existencia, los valores elevadísimos de la vida física, disipando los misterios que ocultan la vida trascendental y demostrando, de manera vigorosa, ese intercambio entre las dos caras de la realidad: la material y la espiritual.*

Se constata, de tal modo, que la interrelación entre los denominados **vivos** *y los* **muertos** *es mucho mayor, y más intensa de lo que se supone.*

Gracias a la Ley de las Afinidades existe una poderosa atracción entre los semejantes vibratorios, especialmente en lo que atañe al campo moral e intelectual.

De conformidad con las aspiraciones íntimas y con los comportamientos personales, cada ser respira en la psicósfera que emite, y transita el campo vibratorio que construye.

Este libro es un breve relato acerca del intercambio entre las dos esferas de la vida, y trata -especialmente- acerca de las perturbaciones espirituales, que son consecuencia de la extrema

ignorancia que se permiten los Espíritus desventurados, en su lucha oscura contra el Maestro Jesús y su Doctrina.

*En cierto modo, forma parte de la serie que hemos comenzado con **Transición planetaria** y **Amanecer de una nueva era**, abordando los desafíos modernos en forma de obsesiones colectivas e individuales, especialmente en las Sociedades espíritas serias, dedicadas a la renovación de la comunidad, así como en las agrupaciones humanas consagradas al progreso y la felicidad de las criaturas.*

Jesús está vigilando la barca terrestre y la conduce con seguridad al puerto exento de todo peligro, de modo que son infructuosos los intentos para obstaculizar su tarea de amor y misericordia.

*Deseamos que la presente obra alerte a los compañeros desprevenidos o descuidados, acerca de los deberes espirituales asumidos antes del renacimiento en el cuerpo de carne, en lo atinente a sus responsabilidades morales, dada su condición de **trabajadores de la última hora**, comprometidos con los benefactores de la humanidad, que confían en ellos.*

No hemos tenido ninguna preocupación literaria; tampoco permitimos que nos dominaran las presunciones humanas, sino procuramos abordar los acontecimientos según han tenido lugar, lógicamente que con algunos cuidados para evitar interpretaciones indebidas.

Nos interesa, mientras tanto, que nuestra narración, tan sencilla como nosotros mismos, contribuya de alguna forma a una vivencia realmente cristiana en las células espíritas que están vinculadas a Jesús.

Manoel Philomeno de Miranda
Salvador, 15 de junio de 2015.

1

INTERCESIÓN PROVIDENCIAL

El cielo estaba recamado de estrellas que, al cintilar, como linternas mágicas, difundían la claridad sobre la cúpula azul-turquesa.

Una suave brisa acariciaba la arboleda, y transportaba el delicado perfume de las azaleas blancas con bordes luminosos.

Aves de plumaje poco común volaban sobre los jardines, que adornaban el Centro de Comunicaciones de nuestra esfera de acción.

Poco a poco, habían comenzado a llegar los invitados a la efeméride, anunciada con anticipación.

Se nos informó que una preclara mensajera vendría desde una Residencia superior a comunicarse con nosotros, obedeciendo a una programación especialmente organizada para dispensar socorro a algunas Instituciones Espíritas de la Tierra, que habían sido amenazadoramente sitiadas por una tenebrosa organización del Mal.

Tareas que antes eran realizadas con abnegación estaban padeciendo -en ese momento- una sórdida persecución de enemigos del progreso, ya desencarnados, que se complacían en sembrar intranquilidad entre las criaturas, mediante una perversa conspiración contra el orden y el desarrollo moral.

Junto con otros servidores del Bien, había sido especialmente invitado el Dr. José Carneiro de Campos, un eminente médico dedicado al humanismo, que en el Orbe se había destacado por la cultura, la rectitud de su carácter, y un inusual concepto de la Medicina, a la que entendía como sacerdocio. Nosotros también deberíamos formar parte de un grupo de atención a los corazones afligidos, prisioneros en las tramas asfixiantes de una grosera insensatez.

A las veinte horas la sala estaba repleta, y nuestro respetable administrador -Ovidio- se había instalado en el escenario, donde se destacaba la mesa con flores, decorada con esmero.

En ese momento ingresó la ilustre visitante, rodeada por un afectuoso grupo de Espíritus iluminados, que la secundaban con respeto y admiración, al igual que los recepcionistas destacados para conducirlos al escenario.

Luego de que nuestro director los recibiera con especial cariño, fueron guiados a lugares reservados especialmente, mientras que la honorable visitante era conducida a un asiento destacado, entre los responsables de nuestra comunidad espiritual.

Una diáfana luminosidad predominaba en el inmenso recinto de techo transparente, a través del cual podíamos ver la noche, exuberante en astros que centelleaban.

El maestro de ceremonias apareció en el tablado, mientras un grupo de niños comenzó a cantar el *Adeste fidelis*, también llamado *Himno portugués* -compuesto por Don Juan IV-, e invitó a que todos los fieles al Evangelio permanecieran de pie.

Nuestro administrador se levantó, al igual que todos los presentes, e inmediatamente después oró con sentida emoción, mientras que la *psicósfera* quedó saturada de energías, que se materializaban como un delicado rocío perfumado, que nos impregnó a todos.

Inmediatamente después, presentó a la honorable señora desencarnada, cuya aura resplandecía con tonalidades diamantinas, lo que demostraba su nivel evolutivo.

El hermano Ovidio manifestó que se trataba de una servidora cristiana, desde hacía ya muchos siglos, quien durante la existencia del Santo de Asís se había sacrificado en la Orden de las Clarisas, a fin de mantener la pureza de sus enseñanzas, preservando los votos de caridad, de pobreza, de humildad, de entrega absoluta a Jesús, y de virginidad…

Sin los elogios que incomodan, muy comunes en la convivencia terrenal, la biografía estaba despojada de las alabanzas dispensables, y era fiel a la talla moral de la bendita Entidad.

Cuando él guardó silencio, la visitante se puso de pie y, con una leve sonrisa en el rostro angelical, nos saludó con sencillez, diciéndonos:

-¡La paz de Jesús sea con vosotros!

"Vengo en nombre del *Amor no amado*, a rogaros ayuda para la comunidad cristiana-espírita que en este momento experimenta severas pruebas.

"El amor a Jesús ha provocado, en todas las épocas de la humanidad, invariablemente, la ira de los adversarios de la Verdad, quienes sienten temor de Él y atacan con ferocidad a sus seguidores, con la ilusión de que, al destruir sus cuerpos, aniquilan sus ideales de liberación.

"No ignoramos que las fuerzas del Mal, faltas de juicio y furiosas ante el aumento de los adeptos del *Consolador* -que viene a recuperar a los Espíritus enfermos, a los desertores y a los extraviados, a fin de llevarlos de vuelta al *Cordero de Dios*-, se sienten amenazadas y, luego de bien urdidas reorganizaciones, nos atacan despiadadamente, tanto de forma sutil como en enfrentamientos dolorosos.

"Valiéndose de la debilidad moral de muchos conversos, que no han madurado psicológicamente mediante los estudios serios de Espiritismo, aprovechan su insatisfacción y su agresividad para perturbar las filas doctrinarias, de modo de crear situaciones embarazosas y de difícil solución, porque atraen a otros, faltos de vigilancia, que la acción maléfica dispensa.

"La intriga y la infamia -armas mortíferas y de gran alcance- son utilizadas para denigrar a los compañeros, lanzarlos unos contra otros, con desgaste de energías y de tiempo, desperdiciados inútilmente.

"Pese a que predican la tolerancia, no la practican, pues conservan injustificables resentimientos, hijos del orgullo predominante y de la presunción enfermiza.

"Por más que se invoque la necesidad de la práctica del perdón, de la gentileza, de la caridad en el trato con todos, se comportan armados y muy sensibles a cualquier palabra de amonestación, a la que interpretan de conformidad con su enfermiza situación, de modo de abrir heridas en los sentimientos debilitados.

"Atormentados por las pasiones serviles, transforman los núcleos espíritas, que deben estar dedicados al estudio, a la oración, al recogimiento de los sufridores, como santuarios de comunión con el Mundo Espiritual superior, en clubes de futilidades, de entretenimientos, de comentarios indecorosos, de convivencia para el placer y las comilonas en común...

"Paulatinamente, se sustituye la seriedad del mensaje con el anecdotario grosero y vulgar, de doble sentido, lo que deja dolorosas frustraciones en aquellos que lo buscan con amargura, sufridores, con el corazón herido y la mente atormentada.

"Como si no bastase esa conducta reprochable, la irrespetuosidad aumenta y la desconsideración por los humildes se convierte en un comportamiento natural, que carece de comprensión y de misericordia hacia los *hijos del Calvario*, que el Maestro nos confió para que cuidáramos de ellos...

"Se cae en relaciones de ocasión, que terminan en rupturas abruptas, con disgustos y alejamiento de las actividades, olvidados del elevadísimo significado de la responsabilidad abrazada, así como de los compromisos contraídos antes del nacimiento."

La oradora hizo un silencio oportuno, como si el auditorio, cautivado, guardase las palabras y las reflexiones, y permitiese que lo impregnara el contenido del mensaje.

La venerada mensajera evidenciaba, en su semblante, una cierta melancolía, como resultado del profundo análisis, y prosiguió:

-Iniciada la gran transición planetaria, están reencarnando en la actualidad, pese a que hayan disfrutado de otras benéficas ocasiones a las cuales no respetaron, antiguos déspotas y asesinos, genocidas y bárbaros, fanáticos religiosos, seres vengativos y caracterizados por burlarse de lo espiritual, quienes han estado retenidos en regiones inferiores, y que ahora disponen de la sublime oportunidad de reparación y crecimiento en dirección al Bien.

"Criminales y alucinados, promueven contiendas y provocan riñas feroces, con lo que transforman las Instituciones en campos de batallas destructivas, sin darse cuenta del perjuicio moral y doctrinario que ocasionan.

"Para contenerlos, amorosos benefactores de la humanidad se visten con la materia, decididos a socorrerlos y amarlos. Entre ellos, la comunidad franciscana, que revolucionó el final del siglo XII y el comienzo del XIII, está renaciendo, para repetir la incomparable tarea de reconstruir la iglesia del amor, conforme Jesús había solicitado a san Francisco en San Damiano…

"Se les ha confiado la tarea de preparar las mentes y los corazones para el restablecimiento de los incomparables milagros del amor, conforme a lo que Jesús hizo, precedido por misioneros del conocimiento, que en Roma y en todo el Imperio acallaron el clamor de las continuas guerras, para dar lugar a las manifestaciones de justicia y de misericordia, de las que fue rico su ministerio en la Tierra.

"Después vendrá él mismo, el inolvidable *Cantor de Dios*, para apacentar el rebaño y conducirlo a Jesús.

"Se tratará de un menester de elevada abnegación, como ya ocurrió en los inolvidables días del pasado, cuando modificó totalmente la estructura de la fe cristiana, pese a las tremendas adulteraciones que se sucedieron con posterioridad a su desencarnación.

"Lamentablemente, aún es inherente a la naturaleza humana el vicio de adaptar el conocimiento liberador a la estrechez de su comprensión, de someter la lección sublime a las imposiciones de las pasiones y las dependencias, de los hábitos enfermizos y conformistas, generadores de un alucinado y erróneo placer.

"En el nuevo programa, sin embargo, no deberán producirse los riesgos que se presentaron en el pasado, porque aquellos que se nieguen a seguirlo correctamente, o que generen impedimentos para su divulgación y su vivencia, serán exiliados de modo automático, mediante su sintonía mental y moral con un planeta inferior, hacia donde van a ser transferidos en condiciones forzosas hasta que se produzca en ellos la renovación indispensable, capaz de hacer que asciendan de retorno a la Tierra-madre generosa que constituye su cuna feliz.

"La soberbia y el falso intelectualismo, la necesidad de cambios de comportamiento, han estado conduciendo a una significativa cantidad de adeptos de la Revelación de los Guías de la humanidad a las propuestas agresivas -conforme con su manera de entender-, y algunos se atreven a dar una nueva interpretación a las obras de la Codificación, en un alucinado proyecto de *actualizar* la Verdad, las reflexiones del Codificador -inspirado por el Maestro-, cuando él fue el *recipiente escogido* para edificar el mundo mejor.

"Dominados por la vanidad, otros se entregan a la influencia de Entidades, intelectualizadas pero de bajo nivel moral, que los engañan y les sonsacan acusaciones indebidas contra todo y contra todos quienes no comparten sus ideas extravagantes.

"Gracias a la comunicación virtual, se divulgan acusaciones sórdidas contrarias a los servidores fieles a Jesús, que no buscan la promoción personal ni el exhibicionismo alimentado por el *ego*, y se siembran espinas en la senda que ellos deben recorrer. Liberados de temores, mientras tanto, esos discípulos de la última hora permanecen inalcanzables: ignoran el mal, para solamente edificar el bien.

"Ese ultraje, en ciertos momentos sutil, y en otros agresivo y directo, ha desanimado a individuos frágiles, fascinados por la belleza de la Doctrina, pero que se decepcionaron con la conducta de algunos de aquellos que se presentan como sus seguidores.

"Para empeorar el panorama, mientras tanto, las disputas por cargos directivos, a fin de imponer modos especiales de administrar las conciencias -en lamentables consonancias con el pasado, cuando en otros credos fueron despiadados y dominadores-, se van tornando triviales, a consecuencia del olvido de las instrucciones del Maestro, cuando expresó: *Quien desee ser el mayor, sea el servidor de todos...*

"El intenso tormento por la exhibición personal ha inducido a los descontentos a crear esquemas de trabajo que violan la simplicidad del mensaje de Jesús, mientras que otros se autodenominan inspirados por el propio Señor, o se presentan como personalidades famosas reencarnadas -personalidades cuyas existencias han sido de sacrificio y de abnegación-, como si pudiese haber un retroceso en el programa evolutivo...

"Se mezclan, por consiguiente, los intereses viles de encarnados y desencarnados, que acrecientan las disensiones y generan los odios que ya deberían estar superados, gracias a las relevantes conquistas de las ciencias psicológicas, que demuestran los perjuicios que ocasionan a todos aquellos que les dan guarida en la mente y en los sentimientos.

"Es un momento muy difícil, porque existe una urgente necesidad de consuelo a quienes se sienten desheredados, aturdidos con los acontecimientos aflictivos que los sorprenden, en los más diversos segmentos de la sociedad.

"Esta hora exige atención y cuidado, ante la cantidad significativa de lobos disfrazados de corderos, con voces mansas y veneno en las palabras; que aparentan humildad forzada, pero poseen una ira incontrolable.

"Urge que los servidores del Evangelio restaurado vuelvan a considerar sus conductas, y transiten de nuevo el difícil camino pedregoso que ya transitó el Maestro, sin las lisonjas y sin las relevancias sociales ni las honras humanas, que tanto agradan a los moralmente inferiores, y que pervierten los sentimientos que se deberían adornar con sencillez y renuncia.

"La tribuna espírita no es un podio para disputas de exaltación del personalismo, ni un instrumento para la proyección de la mezquina necesidad de aplauso. Es, por el contrario, una zona de graves compromisos con la enseñanza que en ella se expone, de modo que valgan más los actos que las palabras memorizadas en exordios brillantes. Esto se debe a que, conociendo las debilidades morales de quienes allí se presentan, los adversarios espirituales los siguen y los inducen a compromisos afectivos ilusorios y a desgastes sexuales, derivados de la fascinación que ejercen en las personas viciosas, de mentes pervertidas. Dominados por la vana cultura y por el entusiasmo de los insensatos, abren espacios emocionales muy amplios para la instalación de conflictos que los atormentarán, que los llevarán al abandono de las tareas cuando se sientan contrariados o, simplemente, dominados por el tedio, en camino hacia nefastas depresiones y obsesiones viles.

"La institución espírita de la actualidad debe evocar la *Casa del Camino*, donde Pedro, Santiago y Juan vivieron según las enseñanzas de Jesús, y mantuvieron la continuidad del contacto con el Maestro, a fin de que contaran con las fuerzas requeridas para el testimonio, el sublime holocausto de sus propias vidas."

Nuevamente hizo silencio, con la voz delicadamente afectada por la emoción, que invadía a ese ser angelical.

Todos estábamos dominados por el magnetismo poderoso que se irradiaba de ella y de las palabras que pronunciaba.

Pocos instantes después, prosiguió desbordante de júbilo y de esperanza:

-Ha llegado el momento de que intensifiquemos el intercambio venturoso con los compañeros que se hallan sumergidos en la indumentaria carnal, quienes han permanecido fieles y padecen las circunstancias difíciles de este período turbulento.

"Por otro lado, el sufrimiento se presenta con múltiples facetas; afecta a toda hora a unos y otros, sin excepciones, porque este momento es para la selección de valores, cuando aquellos que estén con Jesús van a decidir perseverar en la batalla, mientras que los otros optarán por los placeres en los que se complacen.

"Es necesario que interfiramos en los programas de obsesión masiva, que se están produciendo con un efecto alarmante, al punto de que constatamos que en casi todos los cuadros de patologías diversas están presentes los adversarios espirituales del paciente, que sacan partido de sus paisajes mentales y emocionales. Sabemos que, en la raíz de todas las enfermedades, el problema es el paciente mismo, que da lugar a los disturbios en la salud, a la contaminación mediante agentes destructivos, como consecuencia de los trastornos que se instalan en él. Pero también verificamos la instalación de las matrices psíquicas que propician las obsesiones perversas.

”Voces espirituales, en trascendentes intercambios mediúmnicos, están convocando a los trabajadores del Bien a la vigilancia y la oración, en exordios y discursos conmovedores. Mensajes de afectuosa advertencia son trasmitidos en las células espíritas dignificadas por la caridad, mientras que servidores sinceros perciben la gravedad del momento, y médiums fieles constatan los acontecimientos lamentables en la psicósfera densa que se abate sobre todos.

”Las oraciones ungidas por el amor suplican amparo para la siembra, que recibe la visita de plagas peligrosas y la inclemencia de la circunstancia perturbadora, dado que su repercusión ha llegado a elevadas regiones espirituales, donde tienen su sede los responsables del progreso del planeta, en nombre de Jesús. En efecto, cuando suena el clarín que anuncia el peligro, se ponen en movimiento legiones de obreros desencarnados, convocados a la campaña defensiva para tal emergencia.

”En diversas comunidades espirituales cercanas a la Tierra se instalan grupos de auxilio y se designan servidores especializados en esa tarea, para el enfrentamiento que ya se está produciendo.”

Hubo una pausa espontánea como corolario de la disertación, para que pudiésemos evaluar la gravedad del acontecimiento.

Seguidamente, con la misma tonalidad en la voz, delicada y enérgica, el ángel que nos visitaba continuó:

-Hemos venido a solicitar el apoyo de todos los miembros de la Comunidad Redención, con el propósito de que se organicen grupos de vibraciones a favor de los hermanos involucrados en este testimonio. Nuestro propósito es que las Instituciones Espíritas y sus colaboradores, especialmente los portadores de mediumnidad dignificada, sean enriquecidos con bendiciones en forma de coraje, y que conserven una norma de ondas mentales, de modo que sea ese un canal por donde fluyan las energías del amor y la abnegación, como ocurría en los gloriosos días del martirio...

"En vista de las facilidades para la divulgación del Espiritismo en la actualidad, y de su relativamente sencilla aceptación por parte de individuos de todas las procedencias, al igual que por las masas ansiosas, no vaya a suponerse que los testimonios ya no son necesarios.

"Ahora son de otro orden, con características más sutiles y más peligrosas, porque se urden hábilmente tramas densas que envuelven y aprisionan a los desprevenidos, y afectan también a los buenos servidores.

"¡Que nadie se sustraiga a las pruebas de amor y de fidelidad en la siembra de la luz! ¡Que nadie se atemorice ante los hábiles conciliábulos de los malos y de sus hazañas, porque por encima de ellos brilla la luz de la verdad!

"El Maestro no deja abandonados a quienes lo aman, y tampoco se olvida de ellos.

"¡Conservad la confianza!

"A los efectos del feliz propósito, además de los grupos de vigilancia y de los encargados de las oraciones intercesoras de cada comunidad, se sumarán los equipos de técnicos especializados en obsesiones, para el esfuerzo del restablecimiento moral de los afectados, a fin de despertar a los adormecidos en la indiferencia, así como acompañar a los laboriosos y los luchadores devotos. Principalmente, también, con el objetivo de atraer hacia las falanges del Bien a los extraviados, que se dejan seducir para transformarse en enemigos de Jesús.

"Unidos mental y emocionalmente, seremos como un ejército diferente, que combate con las armas de la compasión y del esclarecimiento, de la misericordia y del amor.

"El Señor es nuestro comandante, y nos invita a la gran batalla de la Luz para disipar las tinieblas, del perdón que sustituye a la venganza, de la pureza y de la humildad en lugar de la lujuria y la prepotencia.

"Que Él mismo nos impulse y nos conduzca, son nuestros fervorosos votos para todos."

En el silencio que espontáneamente se produjo, la emoción ascendió de los corazones a los ojos, y las lágrimas rompieron la compuerta de seguridad, en una mezcla de júbilo, de gratitud al Padre, y de preocupación, a consecuencia de los dolorosos fenómenos relatados.

Automáticamente, el coro infantil comenzó a entonar una sonata encantadora de exaltación a Jesús, desconocida en la Tierra, y que nos enriqueció de paz y de plena confianza en el futuro.

A continuación, nuestro administrador, con significativa emoción, oró al Señor en agradecimiento, y seguidamente dio por concluida la reunión.

Afuera, la noche resplandecía de belleza y aromas.

Después de que se formaran pequeños grupos, que se acercaron a la visitante gloriosa, se le plantearon algunos asuntos que requerían informaciones, además de preocupaciones que debían ser disipadas, y casi todos se retiraron.

Fuimos informados, quienes deberíamos ser parte del frente de acción combativa, que iba a haber otra reunión, después de que finalizara aquella que nos había presentado el panorama general de los acontecimientos.

Cuando la sala quedó casi desierta, el hermano Ovidio nos invitó a seguirlo -con un gesto delicado- y nosotros cinco fuimos presentados a la embajadora del Señor.

Cautivante y gentil, nos recibió con elevada cortesía y, a pedido de nuestro administrador, pasamos a una sala contigua, más pequeña, donde serían expuestos los proyectos relacionados con nuestra actividad en el planeta, a la cual habíamos sido invitados.

Serían necesarias estrategias de amor y de energía, en una perfecta identificación de principios sustentados en las insuperables lecciones del Evangelio.

2

PLANIFICACIONES DE SOCORRO

Nos sentamos en semicírculo, mientras que la venerada mentora se instaló en el centro; sus acólitos se quedaron en un segundo plano y, ubicada al lado del hermano Ovidio, expuso:

-No ignoráis que la mansedumbre y la misericordia serán siempre nuestros instrumentos para la estrategia fraternal.

"Agredidos y desafiados, de conformidad con lo que va a ocurrir, conservaréis la irrestricta confianza en Aquel que prefirió la deshonra en vez de la defensa inútil; la muerte infamante en lugar de permanecer en la injuria y la cobardía.

"Ante la crueldad y la persecución inclementes, perseverad inmersos en la misericordia y la ternura; evitad los pensamientos desequilibrados, porque estaremos en un inmenso campo de luchas, más allá de las formas físicas, en batallas vibratorias.

"Ninguna vulgar ni chocante provocación, por más grave, se podrá devolver mediante la acción del melindre o de la reprimenda como una forma de reacción.

"Preparados por el sentimiento de piedad, con conocimiento de su locura, emplearéis siempre los recursos psicoterapéuticos de la comprensión, de tal forma que ellos no dispondrán de fuerzas para proseguir con las agresiones terroríficas.

"En todas las circunstancias, ved en ellos a vuestros hermanos desventurados, a quienes os corresponde amparar.

"La actual situación es el resultado del rencor que antiguos inquisidores generaron en sus víctimas -judíos y musulmanes-, que permanecen en una región de indescriptibles sufrimientos. Conocedores del desarrollo del pensamiento de Jesús, según las luces del Consolador, y convertidos en adversarios del Cristo debido a las decepciones de las que fueron víctimas, con posterioridad a las respectivas desencarnaciones se refugiaron en cavernas oscuras del planeta, donde instalaron el anti-reino del Bien y dan guarida a fanáticos y criminales con desórdenes mentales, portadores de un elevado nivel intelectual, pero deficientes en cuanto al sentimiento de amor.

"En su reducto de tinieblas y de odios, han crecido en cantidad y, periódicamente, atacan a la sociedad terrenal e imponen el terror, especialmente en los períodos de acontecimientos funestos, cuando se valen de los conflictos generalizados para inmiscuirse en la población y generar más terribles sufrimientos.

"Como verdugos de ellos mismos, transfieren el odio que han cultivado durante siglos sucesivos -a partir de la Edad Media-, y se consideran los justicieros encargados de ser el azote de la Divinidad aplicado en el torso de las criaturas necesitadas de correctivos.

"Han desempeñado un rol destacado durante el nazismo, en especial en lo que se refiere al holocausto judío, y ahora intervienen con sus armas para atacar frontalmente al Maestro en las células espíritas, de modo que los cuantiosos daños induzcan a la desistencia a quienes han sido invitados al banquete de la Era Nueva.

"En diversas Instituciones Espíritas, donde se reverencia al Señor y se divulgan sus enseñanzas a través de las *voces de los Cielos*, se han inmiscuido a consecuencia de algunos desórdenes y actitudes indecorosas por parte de aventureros que adhieren al pensamiento espírita pero no a la conducta en coherencia con sus principios, quienes siempre encuentran equivocaciones en todo y son inducidos a presentar modificaciones en la estructura de la Doctrina, con el propósito de ridiculizar a los amantes de la verdad, a los cuales denominan ortodoxos y fanáticos, superados y anticuados.

"Se atribuyen valores que no poseen; reclutan a otros sufridores descontentos -que andan a la búsqueda del placer-, y se enmascaran de trabajadores del bien para exhibir su propia prosapia, de modo tal que caen en las tramas estrechas que los convierten en disidentes, acusadores, enemigos...

"Son astutos y muy hábiles en la elaboración de sofismas, pues han llegado al extremo de suponer que, como en el pasado enfrentaron a reyes y príncipes, que se sometieron a ellos, aún pueden repetir esas nefastas hazañas.

"Fanáticos de las tradiciones de la Iglesia decadente de la época en que vivieron, sabían que eran criminales -por los actos practicados-, pero se consideraban merecedores del Reino de los Cielos, a pesar de que se habían convertido en jefes de los dominios de la Tierra... Por haber enfrentado a su propia conciencia en conflictos inenarrables, bloquearon su pensamiento, ahogaron su capacidad de razonar, y se convirtieron en torpes personas, sometidas a sus propios impulsos, delirantes y crueldad, porque saben que no podrán continuar *sine die* en la situación en que se complacen, pues existen las Leyes soberanas de la Vida, a las que nadie puede eludir.

"Refugiados en sus cuarteles de oscuridad y dolor, donde viven como dueños absolutos, comandan a una verdadera legión de secuaces, que cumplen sus órdenes y realizan sus escabrosos deseos.

"Esos hermanos desventurados son quienes, junto con los tradicionales enemigos de Jesús -que también desprecian al Maestro de amor-, al ver la transformación que se produce en la Tierra, así como el anuncio de los futuros días de la regeneración del planeta, infectan a la sociedad con la lujuria, la destrucción, la insensibilidad y la falta de respeto a los valores dignificados.

"Por cierto, no son responsables de las desgracias de todo tipo que hoy se abaten sobre las aldeas transitorias de la Tierra; sin embargo, específicamente, además de que contribuyen a la alucinación generalizada, se dedican con especial rencor a la *guerra santa* contra los *herejes espíritas*, que según ellos deben ser diezmados, apartados de las sendas de la caridad y arrojados a los abismos del placer, de la negación, de las obsesiones.

"Se valen de los *demonios* internos de las criaturas, las mortifican también con sus influencias nocivas, y a todos tratan de aniquilar mediante tormentos depresivos generalizados y trastornos agresivos, a través de las drogas y las pasiones inferiores, sembrando el temor en la sociedad, al igual que la desdicha.

"En cierto modo, generan olas de terrorismo, de venganzas, de guerrillas y de guerras, y les causaría satisfacción ver que todo eso domina la Tierra, como está ocurriendo, a modo de una tormentosa amenaza, tanto en el oriente como en occidente..."

La mentora hizo una pausa oportuna, demostrando la preocupación lógica ante los nefastos propósitos de los enemigos de la humanidad.

Luego, prosiguió:

-Se suman a los grupos extremistas de otras doctrinas religiosas y políticas, bárbaras y despiadadas, y se denominan el Anticristo, como una caricatura del Anticonsolador con el cual compiten...

"Adhirieron a las organizaciones judaicas -algunas de las cuales han sido sus antiguas víctimas-, en esa tremenda ofensiva contra el Cristo y su doctrina. Enloquecidos, pretenden instaurar en la Tierra el reinado del terror.

"Es un momento muy serio, que demanda esfuerzos hercúleos y una dedicación casi exclusiva por parte de aquellos que son afines con el Bien, en todas y cualesquiera sean sus manifestaciones.

"Una venerada Institución terrenal os servirá de refugio durante cuarenta días, y a partir de allí trabajaréis bajo nuestro comando, desde nuestra Esfera, dirigidos por la figura apostólica del digno cristiano que irá con vosotros, el Dr. Adolfo Bezerra de Menezes Cavalcanti, que os ha elegido como auxiliares para esa delicada empresa.

"Impregnaos de auténtica humildad y revestíos con la coraza de la oración, a fin de que podáis enfrentar la situación con los sublimes instrumentos de la caridad en todo momento, preparando el advenimiento de los días venideros, días de edificación superior y de paz, que todos necesitan en el planeta amado.

"Otros grupos se organizan, a fin de que atiendan la convocatoria de los genuinos servidores del Bien, en las diversas áreas del comportamiento humano.

"Mientras tanto, nos encontraremos alguna que otra vez, cuando sea necesaria nuestra presencia en la Tierra, o la presencia de algún Mártir, a fin de que se resuelvan las dificultades y se solucionen los problemas de mayor envergadura.

"Si tenéis alguna pregunta, estamos a vuestras órdenes para responderlas."

Los comprometidos con la nueva tarea nos hallábamos sensibilizados.

El respetado *Apóstol de la caridad*, el Dr. Bezerra, con conmovedora humildad, comprendió nuestra emoción y dirigió la palabra al reducido grupo:

-Venerable benefactora:

"Constituye para nosotros una bendición inmerecida el honor de servir al Maestro en los turbulentos días que vive la comunidad terrestre. No alimentamos otra aspiración, excepto la de que trabajemos incesantemente por la superación individual y la proyección de la divina luz del amor en los corazones humanos.

"Sabemos que vuestra bondad estará socorriéndonos en nombre del Señor, aun cuando no verbalicemos las necesidades. Así, os rogamos que expreséis al *Santo de Asís* nuestro profundo reconocimiento por habernos distinguido con la posibilidad de servir más y mejor cada vez, expresando al Divino Maestro las emociones que nos dominan, y que las palabras no consiguen expresar.

"Confiados, por lo tanto, en el Bien inefable, todo haremos para equivocarnos menos y hacernos dignos del emprendimiento, para el cual necesitamos inspiración y misericordia, a fin de que consigamos la victoria del amor en los corazones, y de la caridad en las acciones de los hermanos que aún están equivocados.

"Bendecidnos en nombre de Él, que continúa amándonos, pese a que perduran nuestros errores y compromisos lamentables."

Cuando hizo silencio, después de que expresó lo que -por cierto- a todos nos habría gustado decir, en sus brillantes ojos azules había lágrimas, que no se animaban a deslizarse por su rostro iluminado.

La benefactora se despidió de todos nosotros y se retiró, junto con sus auxiliares, en dirección a la Esfera luminosa en la que habita.

Ante nuestra mirada, se fueron diluyendo hasta que desaparecieron en un haz de luz plateado.

El administrador también tuvo que retirarse y, entonces, quedamos en el pequeño grupo al comando firme del Dr. Bezerra, que se encargó de presentarnos -los unos a los otros-, pese a que algunos ya nos habíamos conocido.

Además de nosotros y del Dr. Carneiro de Campos, supimos que entre nosotros estaba, formando parte del equipo, Virgilio de Almeida, un abnegado espírita *mineiro*[1], que se había dedicado en su última existencia a la tarea de vivir según la Doctrina, con el máximo respeto y plena abnegación, con lo que dejó huellas luminosas que sirven de orientación segura a muchos trabajadores de la actualidad. Jovial y amistoso, nos cautivó de inmediato

---

1 – Oriundo del Estado de Minas Gerais, Brasil (N. de los T.)

con la simpatía y la irradiación de su nobleza. Seguidamente, conocimos a Germano Passos, que había estudiado el magnetismo antes de adherir al Espiritismo, como había ocurrido con Allan Kardec en la primera etapa de su existencia. Germano era especialista en el conocimiento de los fluidos y las energías que produce el Espíritu, y sería requerido en los momentos adecuados, de modo de liberar a los obsedidos de los dos ámbitos de la vida.

Después de que intercambiamos breves consideraciones en torno del proyecto que nos unía, con las bendiciones de Jesús, nos retiramos a nuestros hogares, desde donde nos dirigiríamos a la Institución que nos albergaría cuando llegara el atardecer siguiente.

Cuando salimos del inmenso auditorio, las estrellas titilantes parecían mantener un diálogo entre ellas, en vista de las emisiones de luz plateada.

El Cosmos siempre me fascinó, desde que me encontraba en la Tierra, y atraía mi atención hacia el milagro de esas atrayentes y grandiosas esferas que giran sin cesar en torno a los astros reyes y a los torbellinos que forman galaxias inimaginables. Muchas veces, me quedaba embelesado con la contemplación de las noches inundadas por la luz de la Luna y las constelaciones gloriosas que, sin palabras, me hablaban acerca de la majestad de Dios.

Camino al hogar, me dominaban emociones especiales, por la oportunidad de regresar al planeta querido para llevar a cabo actividades de intercambio y de socorro a los hermanos de trayectoria, agradeciendo en mi interior esa oportunidad, que reconocía no merecer.

Oraba y bendecía la sublime misericordia del Padre, y me dejé arrebatar por las expectativas de la labor proyectada, hasta el momento en que nos dirigimos a las queridas tierras de la Cruz del Sur.

La ciudad, enorme y tumultuosa, contenía el tránsito enloquecedor de las personas apuradas, algunas de retorno al nido doméstico, otras en busca de lugares donde comer, otras dirigiéndose a las escuelas nocturnas, a las zonas de entretenimientos; en fin, atendiendo sus respectivos compromisos...

También observaba a las multitudes de desencarnados. Algunos de ellos atropellaban a los que estaban revestidos con la materia, sin que ninguno se diese cuenta de la existencia del otro. Había Espíritus enfermos y abatidos, que formaban grupos de desalentados; también los había perturbadores y burlones, en un inquietante bullicio; perseguidores inclementes que iban imantados a sus víctimas, en un contubernio psíquico y físico, y dignas entidades que edifican el bien y protegen a aquellos con los cuales conservan afinidad, en una perfecta identificación vibratoria.

Cuando llegamos a la Sociedad Espírita, nos sorprendió el tamaño del edificio, de tres pisos, con sólidas instalaciones materiales que constituían un buen refugio, confortables pero sin lujo, donde se desarrollaba una intensa actividad espiritual.

Eran aproximadamente las dieciocho horas, y los equipos de personas que dispensaban atención fraternal se encontraban en sus respectivos puestos, mientras que los necesitados aguardaban pacientemente, escuchando una música suave e inspiradora.

El panorama del sufrimiento era evidente: algunos se mostraban ansiosos y expectantes; otros, con cierto embotamiento; y también los había indiferentes, igual que ocurre en los nosocomios terrestres.

Diligentes trabajadores desencarnados iban y venían con discreción y seguridad; mantenían el equilibrio general y evitaban que los individuos agitados -al igual que los perversos-, generasen algún tipo de disturbio.

En el ingreso, esperándonos, se encontraba el abnegado protector de la Casa, quien se identificó bondadosamente y nos dio la bienvenida, además de ofrecerse -junto con todo su equipo- a colaborar en favor de nuestro objetivo, acerca del cual estaba informado y convenientemente preparado.

Nos dijo que se llamaba Elvidio, y que se dedicaba a conservar aquella Institución desde la época de su diseño en el ámbito espiritual, cuando los primeros servidores fueron seleccionados para edificarla en la Tierra.

Nos relató que se trataba de un grupo de antiguos cristianos, que se habían extraviado en los siglos pasados, y que fueron rescatados por el *Cantor de Dios* en ocasión de su sublime trayectoria en la Tierra. No obstante, una vez más se habían perdido en los desvanes del desequilibrio; y ahora, con posterioridad a la llegada del *Consolador*, se encontraban nuevamente en proceso de restablecimiento.

La labor esencial a la cual todos se dedicaban, además de la divulgación de los postulados espíritas, de conformidad con la Codificación -a la cual estudiaban con fidelidad-, era la de iluminar conciencias mediante la caridad espiritual, moral, educativa, por todos los medios a su alcance.

Sus reuniones estaban caracterizadas, invariablemente, por las propuestas de superación de los vicios y las pasiones inferiores, y se sustentaban en el comportamiento saludable, la convivencia social edificante y, al mismo tiempo, la evangelización de las mentes infantiles y juveniles, a fin de preparar a las nuevas generaciones para los embates del futuro.

-La existencia física, sin el conocimiento del Espiritismo -enunció respetuosamente-, constituye un gran desafío, debido a la carencia de equipamientos iluminadores. Eso da lugar a que asome la ignorancia, predomine el egoísmo, se desarrolle el anhelo enfermizo por el placer y el poseer, lejos de la transformación para mejor, por falta de una meta psicológica de sentido profundo, capaz de resistir los embates de las experiencias cotidianas.

"Las multitudes aturdidas, que se devoran recíprocamente en la competitividad enfermiza, en la animosidad continua, en la despreocupación por el ser espiritual que son, se hallan en ese estado, invariablemente, a causa de la ignorancia y la falta de conexión con el programa de la inmortalidad y con la clara comprensión de la transitoriedad de la vida en la carne.

"Ansiosas por aprovechar la escasa duración del organismo físico, se entregan a todos los conflictos de los cuales son portadores y, simultáneamente, a la voluptuosidad de disfrutar de modo irresponsable, porque carecen de la certeza en cuanto a que el sentido de la vida material es grandioso y merece sacrificios y luchas, en lugar de la insensatez propia de la idea disfrutar mientras se pueda."

Con amabilidad, nos condujo a una sala especial -en el segundo piso- donde nos hospedaríamos, que estaba equipada con algunos aparatos que podrían sernos de utilidad durante el período en que permaneceríamos allí.

Camas aseadas y muebles habían sido correctamente distribuidos en el lugar, incluyendo una pequeña zona donde podríamos reunirnos, para las deliberaciones referidas a nuestras tareas.

Nos explicó que, seguidamente, a las veinte horas, tendría lugar una reunión doctrinaria, en la cual íbamos a escuchar a un joven expositor, que atraía a una importante cantidad de interesados en el mensaje del cual era portador.

Sin más, se retiró, a fin de atender los deberes de su incumbencia.

Aguardamos el momento de la reunión, y a la hora fijada ingresamos al salón, que estaba repleto de interesados en los estudios de esa noche.

Pudimos observar que los presentes permanecían en un clima armonioso, y guardaban el relativo silencio que se puede esperar de una gran cantidad de personas, no todas poseedoras del discernimiento que enseña cómo comportarse en reuniones de esa clase.

Espíritus amigos, y también los benefactores de muchos de los presentes, se encontraban, joviales y atentos, junto a sus favorecidos, al igual que numerosos desencarnados sumidos en la aflicción, con lamentables evidencias de un proceso de muerte inconcluso, apegados aún a las reminiscencias de la materia y trasmitiendo desagradables sensaciones a aquellos con los cuales se encontraban en sintonía. Había, asimismo, algunos enemigos feroces, que se agitaban y deploraban la imposibilidad de agredir a sus víctimas. Era un espectáculo que merecía los cuidados que los vigilantes encargados de mantener el orden cumplían con especial desvelo.

Una delicada melodía invitaba a la meditación, aunque algunas personas inquietas no conseguían la armonía conveniente.

Se organizó la mesa de las labores con el presidente de la Institución y dos invitados, uno de los cuales era el joven orador mencionado anteriormente.

Pronunciada la plegaria de apertura, se elaboraron breves consideraciones en torno del objetivo de la reunión, además de que se expusieron algunos avisos, luego de lo cual se transfirió la palabra al responsable de la exposición.

Se puso de pie un joven de aproximadamente veinticinco años, de buen aspecto y en estado de concentración, que daba muestras de responsabilidad sin afectación, con simplicidad sincera, quien después de pronunciar el saludo enseñado por Jesús con respecto a la paz que debe estar presente en todo lugar, comenzó a hablar acerca de la misión del Espiritismo en la Tierra.

Con voz prudente y pausada, hizo un abordaje fiel de los paradigmas de la Doctrina, comenzando por la creencia en Dios, hasta culminar con la pluralidad de los mundos habitados.

Consciente del significado del mensaje, estaba en perfecta sintonía con su Guía espiritual, que ejercía sobre él una influencia segura y afectuosa, lo que permitía que las palabras trasmitieran vibraciones saludables al público ávido de conocimientos.

Mientras eso ocurría, Espíritus familiarizados con la caridad aplicaban recursos fluídicos a los presentes, concentrados en el tema, mientras acompañaban las reflexiones del expositor.

Repentinamente, se percibió una cierta agitación en la puerta de ingreso a la sala, cuando apareció un caballero alterado que blasfemaba, contenido por otros dos que intentaban mantenerlo en equilibrio. Era evidente su estado de perturbación y de alcoholismo, mientras que un Espíritu maligno ejercía dominio sobre una parte de su sistema nervioso central e, incorporado, vociferaba con términos irrespetuosos y ásperos.

Las personas se atemorizaron, porque ese no era un comportamiento habitual, aunque los mentores lo habían permitido con diversos objetivos, uno de los cuales era el de socorrer a ambos rebeldes y, al mismo tiempo, demostrar que la Casa del Señor es un hospital para todas las angustias y las necesidades humanas.

El expositor permaneció imperturbable y solicitó que todos se concentrasen en él, porque los responsables de la Sociedad adoptarían las providencias convenientes, de modo tal que devolvió la serenidad a los inquietos que también se habían agitado y entrado en sintonía con quien provocaba el desorden espiritual.

Vimos que el mentor Elvidio se acercaba al paciente descontrolado, y lo envolvía en poderosos haces de energía, mientras los auxiliares internos lo trasladaban a la secretaría que se hallaba cerca de la entrada.

Entre tanto, el Dr. Bezerra nos invitó -con un gesto discreto- a que nos dirigiéramos al lugar donde se desarrollaba la situación y, cuando llegamos, le solicitó a Germano que aplicase energías magnéticas, de modo de desvincular al psiquismo agresor de los centros de fuerza (*chakras*) coronario y cerebral de su víctima, lo que se consiguió al cabo de breves momentos de acción benéfica.

Liberado de la circunstancia que lo oprimía, el paciente fue aparentemente acometido por un desmayo. No obstante, amparado físicamente, como se encontraba, de inmediato abrió los ojos y, aturdido, intentó recuperarse, pese a que perduraban los efectos del alcohol en su organismo.

Por otra parte, dos enfermeros del núcleo trasladaron al desencarnado a otra habitación, dedicada a las actividades mediúmnicas, inmovilizado por las energías con que lo habían sometido -aunque continuaba furioso-, y pronunciando palabras groseras y frases incoherentes, fruto de la locura que se había apoderado de él.

Nuestro mentor, seguidamente, nos explicó -a media voz- que se trataba de una de las entidades pertenecientes a los agresores vinculados al grupo Anticristo...

Sin haberse dejado perturbar, el joven devoto del Evangelio aprovechó el incidente para abordar el paradigma acerca de las comunicaciones espirituales, explicando que *a tal vida, tal muerte*, y que cada uno despierta más allá de la cortina de materia de conformidad con la conducta que alimentó durante el viaje corporal. Explicó el fenómeno con naturalidad; demostró que las interferencias espirituales se producen dentro de niveles caracterizados por las mismas vibraciones mentales y morales, y convocó a quienes lo escuchaban a un cambio de comportamiento y a la vigilancia, porque muchos de los males que a todos afligen tienen sus raíces en el Más Allá, donde se cruzan las vibraciones de los pensamientos, que producen sintonías por equivalencia de onda.

Tuvo el cuidado de explicar que todo aquel que se entrega al deber y al bien, experimenta el divino amparo, y que un acontecimiento de la índole del que habían presenciado había sido permitido en la Institución con el propósito de demostrar que los dones espirituales -en alusión a la mediumnidad- son inherentes a todos los individuos, aunque más ostensivos en algunos que en otros, como es comprensible. Con referencia a aquel fenómeno, dijo que el mismo había ocurrido con el consentimiento de los guías espirituales, para advertir a los desprevenidos y, al mismo tiempo, para confirmar la realidad de las comunicaciones, con el propósito de la caridad socorrista para ambos enfermos: el encarnado y su adversario.

Luego de cincuenta minutos, el expositor finalizó la agradable y coherente disertación con un ruego al Señor, y agradeció las bendiciones de las que todos habían sido objeto.

A continuación, la reunión concluyó, y varios de los presentes se dirigieron a las salas para recibir pases, otros para la atención fraternal, y algunos más se dedicaron a las conversaciones edificantes, impregnados con los abundantes beneficios espirituales que se les habían proporcionado.

Los dos caballeros que sostenían al enfermo espiritual explicaron la razón por la que habían conducido al desesperado a aquella Institución, en lugar de hacerlo a un hospital, porque percibieron que no se trataba de un trastorno emocional sino de una circunstancia espiritual, y solicitaron disculpas por el desagradable acontecimiento.

El director los tranquilizó, demostrando una perfecta comprensión de lo ocurrido, y les explicó que aquella era una de las finalidades de las instituciones espíritas: atender a los sufridores y, especialmente, a los portadores de obsesiones.

3

ATENCIÓN DE EMERGENCIA

El paciente fue conducido a su hogar por los amigos que lo habían traído a la reunión, en busca de socorro especializado. Con todo, antes de que se retiraran, recibieron la orientación del presidente de la Institución acerca de que recomendasen al enfermo que retornara a la casa espírita. De ese modo podría recibir informaciones acerca de su problema, pero esta vez en un estado de lucidez que le permitiera comprender el perturbador acontecimiento de carácter obsesivo del que era víctima.

En ese momento, los amigos relataron que aquel no había sido un episodio aislado, sino que se había presentado más grave que en las ocasiones anteriores, afectando las relaciones familiares y sociales del paciente, que más se deterioraban cada día.

Se comprometieron a cooperar con el amigo, mediante el control de su comportamiento y acompañándolo -también ellos-, a fin de comprender algo más acerca de las propuestas del Espiritismo.

Cerca de la hora una, de la madrugada siguiente, cuando todas las tareas de la Sociedad habían sido cumplidas en la forma habitual, nuestro mentor nos invitó a visitar al Espíritu rebelde, que se hallaba en un recinto apropiado, donde se realizaban las actividades mediúmnicas para asistencia desobsesiva.

Debido a que se le impedía escapar del local y exteriorizar sus sentimientos de violencia, y a que conservaba un lenguaje inadecuado y agresivo, el Dr. Bezerra le solicitó al hermano Elvidio autorización para atender, especialmente, al enfermo espiritual, lo que de inmediato fue aceptado.

Dando gritos, en un estado de casi locura, percibimos -por esa conducta- que se trataba de alguien hipnotizado por un inclemente dominador de conciencias del Más Allá. Germano le aplicó energías poderosas, a fin de que se calmara y, lentamente, lo aquietó, de modo que fuera posible un diálogo provechoso.

Aliviada la incidencia hipnótica del agente dominador, el enfermo espiritual recuperó aparentemente la razón, aunque no modificó la actitud mental rencorosa.

-Bien sabemos, querido hermano -le dirigió la palabra nuestro amado Dr. Bezerra-, que sobrellevas importantes sufrimientos, que te hacen desvariar y te inducen a comportamientos injustificables, tales como -entre otros- valerte del amigo carente de vigilancia que trajiste hasta aquí con la expresa finalidad de provocar pánico e incomodidad en la reunión.

"Te hemos identificado, querido amigo, como uno de los miembros activos de la organización anticristiana que actualmente realiza esfuerzos para generar disturbios entre los nuevos discípulos de Jesús, aficionados a la Revelación Espírita. No nos sorprendió, por lo tanto, que te entrometieras en la reunión, porque sabemos de qué manera la organización maléfica está atacando a los servidores del Bien, que eluden los compromisos y se dejan atraer por las frivolidades y las disputas inútiles, por cargos y proyecciones engañosas, y los dividen en pequeños grupos que se vuelven antagónicos entre ellos…

"Suponemos que tus desprestigiados jefes están informados de que, quienes amamos a Jesús, nos hallamos en nuestros puestos para el servicio de preservación de los valores doctrinarios y morales en el sembrado que pertenece a Él, pese a que reconozcamos nuestras propias imperfecciones. No ha sido una coincidencia lo ocurrido en la reunión, donde tú, nuestro hermano-amigo, te introdujiste promoviendo agitación y desacato. Ese hecho forma parte de un programa muy bien elaborado, para desarticular el movimiento que crece y ampara a los *hijos del Calvario*. No obstante, el Señor -que vela por todos nosotros- ha establecido sistemas de defensa en beneficio de aquellos que son fieles a Él, y ha sido posible impedir que se concretasen sus nefastos planes."

El visitante desencarnado permanecía silencioso, pese a que su expresión facial demostraba la rebeldía que irradiaba, además del rencor que lo dominaba.

Como ya no podía contener por más tiempo esas emociones, que lo asfixiaban, gritó un tanto agitado:

-Es una cobardía el acto de hacerme prisionero, de frenarme en el propósito que me trajo aquí, bajo las órdenes superiores de aquellos que gobiernan muchas mentes, y se preparan para el gran enfrentamiento. Veremos quién será el vencedor, si los hipócritas miembros de la aberrante farsa espírita, o aquellos venerables mantenedores de la fe viva, heredada del pasado histórico, a la cual nada puede destruir.

El Dr. Bezerra demostró sincera compasión por el atormentado, y replicó con ternura y bondad:

-Los directores espirituales de la Casa agredida no se han comportado de manera cobarde, pues han sido víctimas del modo indigno con que fueron sorprendidos por ti, querido amigo, que has invadido las fronteras de la Institución y te valiste de un pobre desequilibrado para intimidar a la multitud, para atemorizarla y dejar la impresión de que el mensaje que aquí se vive genera locura, como se pregonaba en el pasado... Los servidores de Jesucristo no proceden a solas; siempre están asistidos por Aquel que es su modelo superior, y al cual se entregan en régimen de totalidad. Eres tú, amigo, quien se ha tomado el atrevimiento de generar el escándalo, de modo que fue preciso impedir que lo llevaras a cabo en su totalidad, conforme lo habías planificado.

"Pero nuestro objetivo no es la discusión inútil, el juego de sofismas hábiles que desdeñen la verdad, sino atender tus sufrimientos y confortarte, a fin de que seas rescatado de la situación vergonzosa en que te encuentra, y goces la libertad que el Evangelio concede a sus seguidores, de conformidad con la promesa del Señor, relativa a que en la búsqueda de esa verdad se encuentra la legítima liberación."

-Pero yo no necesito tu ayuda, ni la deseo. Soy libre y me permito participar de las huestes en las que me encuentro por mi propia voluntad.

-Estás equivocado, amigo -replicó el mentor.

"Tú, al igual que otros miembros de la oscura organización, han sido arrebatados en la tumba -a la que enfrentaron con muchos problemas trasladados desde la

Tierra-, y fueron sometidos a los métodos de lavado cerebral y de dominación por parte de crueles verdugos de los humanos, en regiones degradantes de la erraticidad inferior, donde desafortunados predecesores edificaron su reino de terror... Apelan a métodos infames, los someten a una hipnosis ultrajante para sustraerles la voluntad, mediante lo cual anulan vuestro discernimiento y los convierten en verdaderos sonámbulos, sometidos a un comando nefasto."

-No concuerdo con esa información, porque tengo lucidez para hacer aquello que me parece mejor, y a cuya tarea me entrego con alegría, como la de vengarme de los males que me han sido impuestos por los traidores del verdadero Evangelio.

-Lamentamos informarte -subrayó el médico con delicadeza- que tus reflexiones no son propias, sino el reflejo de las ideas que te han impuesto.

"Nuestro mayor anhelo, no obstante, es auxiliarte para que conquistes la armonía interior y la paz, porque nunca el mal puede ser un instrumento de salud, ni de bienestar. Tú, hermano, te encuentras sometido por las energías deletéreas de tus manipuladores, como ocurre con otros, en un estado agónico semejante. Ignorantes de la paz interior, se han habituado a las sensaciones intensas del odio, y a las emociones desnaturalizadas de la amargura; se envenenan con los tóxicos emitidos por su propia mente, fuera de control... Observa el estado deplorable en que te encuentras: tu vestimenta, tu apariencia, tu desequilibrio emocional, y de inmediato constatarás que solo eres un autómata comandado a distancia. Jesús te aguarda, a fin de proporcionarte la conciencia de ti mismo, la opción lúcida para la vida plena."

-No insistas con ese argumento estúpido -replicó el exaltado-, porque más instiga a mi animosidad. Detesto a tu Jesús tanto como a tu imposición, y estoy obligado a escucharte porque me dominas... Ahora es cuando me encuentro sometido, porque no se respeta mi voluntad y soy obligado a escuchar tus estúpidos alegatos...

-Puedo imaginar tus sufrimientos -lo interrumpió el psicoterapeuta espiritual-, al punto de que te complazcas en una situación de tal naturaleza. Por lo tanto, respetuoso de la ley de elección y de libertad de conciencia que rige en el universo, concuerdo contigo en que puedes marcharte sin ningún impedimento de parte nuestra...

Al cabo de un instante, en que ambos quedaron en silencio, se hizo perceptible la psicósfera del ambiente y el reflejo de las silenciosas súplicas al Señor, que todos hacíamos en beneficio del hermano enfermo. Entonces, nuestro mentor concluyó:

-Permítenos, pues, orar por ti...

-¡No! Detesto la plegaria; no tengo ningún compromiso contigo, y menos aún con ella.

-Pero seré yo quien la haga y no tú, amigo. Solamente te solicito que la escuches.

-¡No puedo! La plegaria me hace mucho mal, porque me conduce otra vez a situaciones que no deseo revivir.

-Esas situaciones, a las que haces referencia, son las que precedieron a tu adhesión compulsiva al actual comportamiento, según el cual ha sido necesario que olvides tus graves errores del pasado, pero también los momentos de amor y de esperanza...

-No los necesito. Abrigo, en el corazón, la certeza de la victoria sobre los enemigos y, por lo tanto, de la compensación que vendrá...

-No obstante, una vez superado el momento eufórico del aparente éxito, ¿cuál es la meta de la vida? Al no tener que combatir a aquellos a quienes llamas enemigos, ¿qué motivaciones experimentarás para continuar las luchas?

-Eso no importa. Después lo pensaré...

-Ahora es el momento. Te ruego sólo un minuto...

El Espíritu comenzó a llorar, desesperado, porque el diálogo -aunque breve- de alguna forma despertó en él impresiones que estaban adormecidas en el inconsciente, que lo condujeron a las lágrimas.

En ese momento, el Dr. Bezerra imploró la protección de Jesús a favor del Espíritu referido, y nos emocionó con su ruego impregnado de comprensión, piedad y espíritu de misericordia, en bien de aquel.

Mientras oraba, una delicada luminosidad descendió sobre todos nosotros, y una ola fragante nos trasmitió emociones espirituales de elevadas características.

Las últimas palabras del benefactor sellaron el ruego con una compasiva invocación:

-*Eres el amor no amado, a quien el mundo no tuvo en consideración, pese a que has sido la luz del mundo y la puerta de la salvación.*

Apiádate, pues, del hermano que ha enloquecido en circunstancias lamentables, en el pasado, y que ha perdido el rumbo. Tráelo de retorno a tu rebaño, tú que nos enseñaste a dejar noventa y nueve ovejas para ir en busca de aquella otra que se ha extraviado...

Compadécete, Señor y Protector de los desventurados, de nuestro hermano descarriado; ayúdalo a que despierte a la Verdad, y bendícenos a todos.

La voz fue dominada por una emoción sublime, y el ambiente quedó saturado de vibraciones especiales.

En ese instante, ingresó un Espíritu con vestimenta franciscana primitiva, aureolado de sublimes claridades, con las manos extendidas, y se dirigió al invasor -que se hallaba aturdido-, diciéndole:

-Giácomo, hace mucho que Jesús te aguarda. No evites el aguijón ni abandones tu cruz. He venido a buscarte en nombre de Él. No te resistas más. Este es el momento de tu liberación. ¡Cuánto hace que aguardamos esta oportunidad!

Dominado por el asombro, con sus ojos desmesuradamente abiertos, de los cuales brotaba el llanto espontáneo, él gritó:

-*¡Umberto delle rivo torto! ¡Dio vi benedica! ¡Grazie mille!*[2]

Y se arrojó en los brazos abiertos del bienaventurado, a la vez que derramaba un llanto renovador que, semejante a una catarata, había roto el dique que la contenía y, entonces, se desbordaba.

El visitante espiritual sostuvo con sus brazos al compañero, que se había desmayado; nos dirigió una mirada con un gesto inolvidable y esbozó una sonrisa, en una señal de agradecimiento sin palabras, que quedaría grabada en nuestro ser para siempre.

Las vibraciones que flotaban en el aire eran sonoras; provenían de lo Más Alto, y no podíamos dominar los sentimientos de amor, respeto y gratitud a Aquel que es el Camino, la Verdad y la Vida.

---

2 – ¡Umberto del río sinuoso, Dios te bendiga! ¡Muchas gracias! (Nota del Autor espiritual).

Daba comienzo, para nosotros, la labor, que me parecía inusitada, inesperada, algo que por cierto no lo era para nuestro mentor.

Como el benefactor ya debería saberlo, estaba preparado para recibir al hermano Giácomo, y seguramente conocía su historia, a fin de que pudiera mantener el diálogo que culminó con la visita de ese bienaventurado discípulo de san Francisco de Asís, en los venturosos días del pasado.

Solamente la potencia del amor, sin melindres ni presiones, podría conseguir el verdadero milagro de la transformación del desvariado, y propiciarle la oportunidad que se había estado postergando, para su modificación interior.

4

LOS DESAFÍOS PROSIGUEN

Para aprovechar ese momento feliz -en el cual el amor había derrotado al odio, que dio lugar a futuras transformaciones en el sufriente perseguidor-, el venerable Dr. Bezerra nos dirigió la palabra con jovialidad, para explicarnos:

-Hemos dado comienzo a la labor para la cual nos encontramos aquí, y nos cabe proseguir con los compromisos relevantes de la fraternidad, con la inmediata atención a otros corazones afligidos, a algunos de los compañeros que se encuentran reencarnados con tareas específicas, quienes no saben cómo conducirse.

"En este importante momento de transición planetaria, las huestes del Señor están atentas a los acontecimientos, cualquiera sea su magnitud, que se producen en el sembrado de *los trabajadores de la última hora*, y los advierten acerca de las responsabilidades asumidas antes de la reencarnación. Se comprende que este es un período de turbulencia, como ocurre en todos aquellos tiempos en los que se manifiestan las crisis, para las transformaciones que tienen como objetivo el progreso moral y la evolución del pensamiento espiritual, los cuales requieren mucha prudencia y reflexión antes de concretar las acciones. No se debe proceder de manera intempestiva, sino buscando siempre la figura incomparable de Jesús, como nuestro único modelo, y preguntándonos, cuando la situación sea vejatoria: ¿Qué haría el Maestro en esta circunstancia? ¿Cómo procedería?

"Es preciso impregnarse de humildad y de comprensión por el otro, el prójimo, y proceder de manera edificante, sin permitir que las pasiones del *ego* -la presunción y el despotismo- asuman el comando. Es impostergable el deber de inclinarse a la simplicidad y a la humildad auténtica, despojarse de los títulos engañosos del poder temporal -mezquino e irrelevante-, para dialogar, comprender, ayudar y encontrar el mejor camino para permanecer solidario, y jamás solitario. Al mismo tiempo, hay que tomar conciencia de la propia fragilidad ante las circunstancias tentadoras de toda naturaleza, tanto aquellas que se refieren a la libido, en sus diversas expresiones, como aquellas otras que inducen al dominio sobre los otros, a la falsa superioridad, a la aparente invulnerabilidad en relación con los fenómenos atrayentes y perturbadores. Siempre está el pasado, en la manipulación del presente; por eso, es indispensable proceder con equilibrio hoy, para que el futuro sea de renovación y de armonía interior.

"No pocos líderes de nuestro movimiento, en la Tierra, han estado omitiendo el comportamiento saludable, como lo era el de Allan Kardec, cuando atendía los desafíos que enfrentaba durante la edificación y la divulgación del Espiritismo, las acusaciones de que era víctima, los intentos para desequilibrar su emoción, la falta de prudencia y de conducta edificante de numerosos amigos que lo traicionaban y lo acusaban. No obstante, a pesar de todo, permaneció siempre fiel al ideal y al mensaje liberador.

"Los hermanos adversarios, los denominados obsesores, realizan acciones en contra del Bien y en perjuicio de las personas, mediante sus contribuciones vibratorias, que les permiten la sincronización de las ondas mentales a través de las cuales intercambiamos las ideas, los pensamientos, los sentimientos.

"Nunca estará de más que cada uno se mantenga en una posición de simplicidad y receptividad, esforzado y fiel al trabajo que le cabe realizar, guardando la lengua en la boca, e impidiendo que esta exteriorice los conflictos, los cuales dan comienzo a los roces y a las disensiones, que se multiplican en abundancia en los terrenos institucionales. En ese sentido, es fundamental la vigilancia para mantenerse cauto y casto en el desempeño de los deberes orientados a quienes sufren, a los que tienen sobrecarga de problemas, a los enfermos que buscan amparo y que, muchas veces, se transforman en seducciones peligrosas, por la facilidad y la falta de pudor que les dan lugar a que se expongan. Esa debilidad de carácter ha sido responsable de muchas deserciones, y de tormentosos efectos desmoralizadores del ideal de fidelidad al deber.

"En breve, estaremos atendiendo a uno de esos últimos fenómenos, que es fruto de una trampa peligrosa preparada por los enemigos del Cristo, tras cuya pista nos hallamos."

Guardó silencio durante algunos instantes y, a continuación, nos convocó a una visita que haríamos al director de una respetable Sociedad Espírita, la cual estaba recibiendo el feroz ataque de las Sombras.

Intrigas insidiosas generaban sobresalto; frivolidades y acusaciones improcedentes reemplazaban a la fraternidad; se formaban grupos que agredían a otros; algunos sectores de actividades en la Casa se aislaban e intentaban sobreponerse a los demás; las competiciones y las desavenencias por cargos sustituían la simplicidad por un campo de batalla, en que la sintonía con la espiritualidad superior se perdía, para trasladarse lentamente hacia los servidores del Anticristo, que se habían infiltrado en los diversos sectores, involucrando a sus responsables, quienes se censuraban recíprocamente, sin detenerse a un análisis de ellos mismos...

Volitamos hasta un apartamento lujoso, en un hermoso edificio, en el cual residía el presidente de la Sociedad agredida, a la que se conocía como una de las más respetables, por los servicios que dispensaba a la humanidad, así como por la dignidad que siempre había sido preservada por todos sus miembros, salvo en ese preciso momento, en que atravesaba la crisis del descalabro y de la invasión por parte de los mistificadores del Más Allá.

El Sr. Eduardo se encontraba dormido, pero en Espíritu luchaba con un despiadado adversario, que le provocaba pesadillas y lo dejaba sudoroso, alarmado... En ese momento, sin que el hermano encarnado percibiera nuestra presencia, el hermano Germano fue invitado -sin palabras- a aplicarle energías saludables, mientras que Virgilio atraía la atención del perseguidor, que se dirigió hacia él, jactándose con arrogancia:

-Finalmente llegaron los lacayos del Cordero...

Y soltó carcajadas burlonas, acompañadas por expresiones faciales deformadas.

El devoto espírita *mineiro*, con paciencia y comprensión, respondió mansamente:

-En efecto, somos los lacayos del Cordero, que nos dedicamos a amparar a los lobos hambrientos y ofrecerles el sustento que acaba definitivamente con la sed de amor y de compasión.

Mientras el diálogo proseguía, vimos al Dr. Carneiro de Campos que amparaba al Sr. Eduardo, con afecto paternal, y todos nos dirigimos al centro de actividades, conducidos mentalmente por nuestro guía.

El litigante, que se había vuelto contra el hermano Virgilio, no se dio cuenta de que había sido trasladado junto con nosotros, tal era su estado de fijación en los propósitos morbosos que lo sustentaban.

Previamente, el mentor había solicitado al Hermano Elvidio que fuese a buscar, a su hogar, a una joven médium que se encontraba en un momento de grave decisión, luego de que fuera abusada sexualmente por el director de la Institución, quien había aprovechado su falta de vigilancia y sus tormentos íntimos para seducirla, inspirado por el adversario espiritual que había ido con nosotros.

Casi simultáneamente, adormecida, ingresó a la sala la joven equivocada, al cuidado de bondadosos auxiliares espirituales.

Después de que fueron instalados en dos lechos, preparados especialmente en el recinto, fuimos invitados a despertar a la joven, lo que hicimos con delicadeza y sentimiento paternal. Al mismo tiempo, el Dr. Carneiro despertó al Sr. Eduardo. Lentamente, ambos visitantes conquistaron cierta lucidez, y se les hizo saber que estaban allí en una reunión espiritual, para tratamiento y reparación de las dificultades en que se encontraban involucrados.

El Sr. Eduardo no ocultó el desagrado que lo invadía, más aún cuando vio a la joven a la que él había enredado en una situación indecorosa, a consecuencia de su comportamiento.

Por su parte, la joven ilusionada demostró gran sorpresa y alegría al verlo, y exclamó simplemente:

-¡Dios sea loado por nuestro encuentro!

Atraídos hacia el semicírculo donde nos habíamos ubicado, fueron invitados a tomar asiento. Seguidamente, el mentor solicitó que Iracema, la invitada, prosiguiera exteriorizando su satisfacción.

Conmovida por el encuentro, que no comprendía, reveló sus sentimientos e informó con vehemencia a su amante:

-Como previamente te he manifestado, la gestación ha sido confirmada, luego del examen que me solicitó el médico.

Dominado por la desagradable sorpresa, el Sr. Eduardo replicó, irritado:

-Tú sabes que no puedes tener ese hijo. No ignoras que estoy casado y tengo una familia. Además, ¿cómo les explicarás a tus familiares, y a quienes frecuentan la Institución, la presencia de esa criatura? ¿Dirás que yo soy el padre? ¿Acaso vas a destruirme, a humillarme delante de todos? Tú sabías que yo estaba comprometido, y que nuestro sentimiento debía ser mantenido discretamente...

Él emitía ondas de cólera que, cuando llegaban a la joven, le causaban aflicción y la llevaban hasta las lágrimas.

-¡Debe ser una pesadilla, la misma que me perturbó poco tiempo atrás! -gritó el dirigente, aturdido.

Con bondad, el mentor le explicó que no se trataba de una pesadilla sino de un encuentro espiritual para resolver los problemas que iban aumentando de volumen dentro de la Institución, los cuales debían dejar de ser un obstáculo, a fin de que se volviese a la pureza del comportamiento, al respeto al prójimo y a los deberes espirituales.

Por su parte, el Espíritu que se encontraba en proceso de reencarnación a través de Iracema expresaba, por medio de los fluidos que emitía, el estado de perturbación en que se debatía.

Al notar mi extrañeza, el amistoso Dr. Carneiro me explicó que se trataba de una reencarnación muy delicada, porque había sido programada por los adversarios del Maestro Jesús, y respondía al propósito de crear dificultades muy serias en relación con el progenitor desequilibrado, para causar desmoralización en la respetable Institución que él dirigía.

No pude evitar hacer una pregunta, espontánea, que me brotó del alma:

-Esos Espíritus desventurados, ¿pueden programar reencarnaciones? ¿Hasta dónde llegan sus posibilidades? ¿Pueden interferir hasta ese punto en las actividades humanas?

Sin incomodarse, el benefactor me explicó pacientemente:

-Todo lo que existe y ocurre está supervisado, en un nivel de excelencia, por los Embajadores del Padre y, en el querido planeta, con los cuidados del incomparable Amigo Jesús.

"Cuando los desafortunados se atreven a organizar programas, para obstaculizar la concreción de las labores evolutivas de las criaturas, se convierten -por su parte- en objeto de las Soberanas Leyes que ignoran, y son responsables de los acontecimientos lamentables que podrían haber evitado, pues la Providencia dispone de medios eficaces para todas las circunstancias. Atrevidos y ambiciosos, se consideran poseedores de fuerzas y de recursos para programar las reencarnaciones perniciosas, para entrometerse en proyectos relevantes, en esclarecimientos de suma importancia, con propósitos lamentables de destrucción a largo plazo. He aquí por qué la vigilancia y la oración nunca pueden ser omitidas, pues son un recurso preventivo contra el Mal, que ronda incesantemente los pasos de la humanidad, en todas las épocas.

"El primer paso lo han dado con éxito, valiéndose de la debilidad moral del hermano Eduardo que, siendo portador de un vicio sexual, en vez de amparar a la necesitada que buscó su auxilio espiritual, le complicó la existencia con el tormento de su seducción, bajo el control de sus propios enemigos y de los de la Sociedad que dirige.

"El sexo, en la actualidad terrenal, como en todas las épocas pasadas, conservadas las proporciones, ha sido una lamentable rampa para el descenso moral, que complicó muchas existencias. En ese sentido, vemos la naturalidad con que muchos aficionados a las pasiones inferiores le atribuyen consideración, siempre en defensa de los derechos para ejercer la función sexual conforme se presente, incluso ejerciendo violencia contra las leyes de equilibrio, de renovación moral y espiritual de los seres humanos."

Pude observar que el Sr. Eduardo se encontraba envuelto en fluidos muy groseros, que provenían de sus pensamientos descontrolados, relacionados con la vida cotidiana y con la conducta desenfrenada que se permitía, porque pese a su aparente dedicación a los compromisos espíritas, frecuentaba casas de tolerancia, donde procuraba satisfacer sus instintos más viles.

El matrimonio, al que debería respetar, y la paternidad, a la cual debía dignificar, ya no merecían ninguna consideración de parte suya, lo que estallaba en problemas domésticos y en disputas permanentes con su esposa, que había tomado nota de su conducta vulgar, y ya no soportaba disimular los problemas domésticos.

En aquel momento significativo, el Dr. Bezerra intentó calmar al compañero que estaba en rebeldía, el cual se había convertido en *piedra de escándalo*, en la comunidad a la cual debería honrar con ejemplos de elevación, renuncia y desinterés.

-Hermano y amigo Eduardo -le dijo el noble médico-. No tienes por qué estar irritado con la revelación que te confirma el fruto de tu insensatez, en una relación como la que te has permitido, sin tomar las providencias necesarias para evitar que se produjera la gestación, especialmente a través de un comportamiento que atentaba contra la dignidad personal de la joven, sin experiencia, que fue usada de modo imprudente, así como en relación con todos quienes frecuentan la Institución, que debe ser dignificada mediante la conducta de sus dirigentes.

-¡Yo no puedo asumir esa paternidad! —exclamó con el rostro enrojecido.

-Debiste haber pensado en el problema antes de incurrir en las actitudes reprochables que practicaste, burlando la buena fe de la joven, que te buscó para que la ayudes, pero resultó con sus problemas agravados.

-Existe una solución muy sencilla -dijo Eduardo-, que es el aborto, porque aún hay mucho tiempo, ya que la gravidez debe de ser reciente...

-¿Cómo te atreves, amigo, a pensar en el nefasto crimen del aborto perverso? Esa criatura deberá nacer, a fin de que sea educada según los principios cristianos, y no para simplemente dar curso al objetivo del renacimiento, para el cual está siendo preparada. Tú no ignoras *la nube de testigos* -a los que se refería el apóstol Pablo- que a todos acompaña, excepto si tu convicción es apenas un adorno intelectual y un mecanismo de exhibicionismo cultural, alejado del comportamiento saludable que confirma la excelencia de la creencia.

"La vida es un patrimonio de Dios, y solamente Él puede decidir con respecto a su manifestación o su interrupción.

"Cualquier intento para el aborto de la vida que está recomenzando, a fin de ocultar las consecuencias de la insensatez, es una actitud que más agrava tu existencia y que contribuirá a futuros sufrimientos, que deben ser evitados a partir de este momento. Nadie consigue disimular, ocultar la verdad en forma definitiva, por más habilidad de que disponga. Llega el momento en que la propia conciencia, que queda obnubilada, se libera de las circunstancias impeditivas y se presenta en forma de culpa tormentosa, que lleva al paciente a suplicar el retorno al cuerpo físico con deformaciones genéticas y trastornos mentales, en un intento para dejar en el olvido y reparar la nefasta acción perpetrada."

-Pero, ¿qué será de mí? —preguntó Eduardo con angustia, desesperado.

Con la misma energía, aunque con delicadeza, el mentor respondió:

-Hermano, no ignoras que cada cual cosecha lo que siembra. Hasta ahora, has estado burlando la confianza de tus familiares, de tus compañeros y, autohipnotizado por el placer enfermizo, te has dejado arrastrar a la lujuria… Tales desbordes han contribuido a que tu mente se sintonizara con Espíritus desventurados, que traman terribles luchas contra el Bien, en el mundo.

"Conocedor del objetivo de la Tercera Revelación, que es el de develar el Evangelio de Jesús -perfectamente actualizado- a una sociedad aturdida, necesitada de orientación y equilibrio, no te has mantenido a la altura de la responsabilidad que pesa sobre tus hombros, al dirigir una Institución de elevada condición espiritual, como lo es aquella en la que te encuentras.

"En relación con lo ocurrido, que debe seguir su curso, deberás asumir la paternidad y orientar al ser desventurado con cariño, rescatando con él antiguas deudas, relativas a comportamientos tan lamentables como el que nos ocupa, que practicaste en el pasado y que ahora repites con desfachatez. Por cierto, habrá un escándalo, muy del gusto de los desvaríos de la actualidad, pero teniendo presente la recomendación de Jesús a la mujer sorprendida en adulterio, cuando le propuso que, a partir de aquel momento, no volviera a comprometerse."

-Pero eso afectará las convicciones de muchos de los frecuentadores, y generará interminables problemas entre los demás directores de la Casa. Mi mujer y mis hijos, quienes ya viven afligidos, quedarán profundamente marcados por el disgusto, a raíz de la liviandad de su padre…

-¡Sin duda! Pero la verdad, que siempre triunfa, avalará tu recuperación. No será por el hecho de que todos ignoren tu conducta, que te convertirás en un hombre de bien. Como bien dices, tus familiares conocen tus tormentos y sufren por eso, aunque mantengan para contigo un respeto que ya no te mereces.

"El conocimiento espírita es liberador, y no se somete a vejámenes de tal gravedad, teniendo en vista la protección del individuo en perjuicio de la sociedad. Tú has convivido con los desencarnados, tienes conocimiento de su existencia *post-mortem*, y sabes que el intercambio entre las dos esferas de la vida es frecuente, normal y vigoroso. No te podrías permitir esa conducta ambigua: la del hombre de buena apariencia en la Institución, a la cual has estado maculando con los desatinos que practicaste, y la del esclavo del sexo fuera de control. La disciplina es, en todos los aspectos, la mejor orientación para una vida saludable, especialmente en lo que atañe a la conducta moral. El placer, que aparentemente proporciona alegría, es como un opio, cuyo efecto pasa pronto, y exige dosis cada vez más poderosas."

En ese momento, vimos que el hermano Ovidio se acercó al enfermo moral para aplicarle pases, mientras él, dominado por una verdadera furia, en un impulso desesperado, comenzó a debatirse y a gritar, al tomar conciencia de la magnitud de la equivocación que había cometido.

Las energías, correctamente aplicadas, lo indujeron a la calma, poco a poco, hasta que dominado por los fluidos saludables se adormeció, y fue trasladado a otro lugar.

La joven Iracema seguía el desarrollo de los diálogos con una expresión de angustia y temor, pese a que estaba amparada por el hermano Germano Passos, que la sustentaba con vigorosos pensamientos de amor y compasión.

A continuación, el Dr. Bezerra se le acercó para explicarle:

-Confía en Dios, hija mía. Tu hijito deberá renacer a través de tu cuerpo. No temas a las consecuencias de las actitudes insensatas que te has permitido. No podrás justificarte alegando que ignorabas el estado civil de nuestro amigo Eduardo. Sabías que él era padre de familia, y te dejaste dominar por la seducción, que te envolvió.

-Y él, ¿me aceptará después de estos acontecimientos?- preguntó en medio de lágrimas.

- Solamente Dios conoce el futuro -respondió gentil-, y en este momento no hay lugar para los devaneos. Algo es cierto e innegable: que ese ser se halla en proceso de reencarnación y merece todo nuestro cariño, junto con tu desvelo maternal, pese a tu falta de experiencia en este momento. A partir de que te has permitido la liviandad de conducta, te corresponde hacerte cargo de las consecuencias que de ello derivan, ya sea que el progenitor asuma o no la paternidad. Invariablemente, es la mujer, poseedora de sentimientos elevados, y más sensible al sacrificio, quien asume las responsabilidades del hogar, aun cuando desde el comienzo esté destrozado. Dios no te faltará con los socorros apropiados para la educación y la orientación de tu hijito, que vuelve a comenzar la experiencia evolutiva sometido a la coerción de fuerzas antagónicas: por un lado, el compromiso con el grupo que aguarda de él acciones crueles; y por el otro, nosotros, que trabajaremos a fin de que encuentre el camino del Bien.

El venerado mentor pronunció una plegaria conmovedora, con la cual dio por concluida la actividad. Seguidamente, los participantes fueron encaminados hacia los núcleos afines con sus intereses emocionales.

5

ENFRENTAMIENTOS ILUMINATIVOS

No es necesario explicar que el Sr. Eduardo, cuando despertó, conservaba el recuerdo de una parte importante de los acontecimientos que habían tenido lugar en nuestra esfera de acción.

Permaneció en el lecho reflexionando, dando muestras de ira y de rebeldía, con sentimientos tormentosos, pues se sentía al borde del abismo que él mismo había cavado, a consecuencia de su conducta insana.

Incapaz de recurrir a la oración, a fin de entrar en sintonía con el Bien, siempre presente, prefirió volverse contra la joven a la que había convertido en víctima, y comenzó a recibir la sórdida inspiración de la desdichada entidad que lo explotaba moralmente.

Él sabía que no había sido víctima de una pesadilla, sino de una convivencia con los mentores de la Institución -que no ignoraban su conducta vulgar-, quienes se le habían acercado en un desdoblamiento parcial, a través del sueño, para confirmarle el proceso de reencarnación del hijo, al que no deseaba tener.

Lamentablemente, mientras tanto, en aquel momento no había alternativa, porque la gestación instalada sería más evidente a cada instante, hasta su culminación en el parto, seguido de inmediato por el escándalo, casi inevitable, en caso de que se llegara a conocer su paternidad.

Dejó que la cólera lo dominara y, malhumorado, se levantó para higienizarse y afrontar el día de trabajo, que le pareció terriblemente angustiante.

Por su parte, la joven se despertó sintiéndose víctima de la tristeza, con escasos recuerdos de lo que había acontecido durante la madrugada. Solo recordaba que había sido repudiada y amenazada, lo que le oprimía el alma.

Intentó orar, pero no consiguió la concentración necesaria para el sublime cometido.

El Espíritu en proceso de renacimiento recibía las sucesivas ondas vibratorias de ira y de resentimiento del progenitor, y presentaba dificultades respiratorias, inquietud y una cierta desesperación.

A consecuencia de que aquellos acontecimientos respondían a la inspiración de entidades perversas, pertenecientes a la organización *Anticristo*, con facilidad uno de sus miembros se acercó a la joven aturdida y comenzó a inspirarle angustia, anhelos de venganza, en caso de que su amante llegara a negar la responsabilidad directa por su gestación.

Un característico malestar comenzó a dominarla, y experimentó un día de grandes dificultades.

Aguardó la noche, cuando debería volver al Centro Espírita, como era habitual desde que había iniciado los estudios y participaba de las actividades doctrinarias.

Sometida a la presión mental del enemigo desencarnado, así como a la desesperación del hijo en proceso de reencarnación, experimentó ansiedad y rebeldía, lo que la perturbó profundamente.

Por la noche, como era habitual, hubo una reunión doctrinaria, presidida por el Sr. Eduardo, que abordó el tema evangélico en el cual explicaba la enseñanza de Jesús con respecto al servicio a dos amos: a Dios y a Mamón.

Evidentemente desconectado de la fuente de inspiración, sus palabras perdieron el brillo, y concluyó tan pronto como lo consideró prudente. Tal era el estado de desarmonía interior que lo dominaba.

Se realizó la atención habitual y, seguidamente, llamó a la joven a una sala especial, donde no pocas veces había mantenido sus sórdidos encuentros amorosos, con la intención de que le informara acerca de su estado orgánico.

Afligida, la joven soltó el llanto, con la expectativa de recibir alguna caricia en forma de consuelo, lo que no ocurrió, porque su compañero estaba también en conexión mental con el adversario cruel, que había comandado su mente durante todo el día. A continuación, ella le explicó la situación en que se encontraba, a raíz del test positivo de gestación, cuyo resultado ya le había informado anticipadamente.

Luego de un denso silencio, el insensato dirigente -sudoroso y con frialdad en su voz-, propuso:

-Esa criatura no podrá nacer…

-¿Estás sugiriéndome el aborto? —preguntó Iracema, sorprendida.

-Así es, por cierto. No se trata realmente de un aborto, porque el ser en formación aún no tiene expresión ni significado. Es un comienzo de vida en proceso de realización. No puedo asumir la responsabilidad, porque destruiría mi hogar, me haría perder el ascendiente moral en nuestra Sociedad, para luego sucumbir bajo el peso del ridículo y de las perversidades que existen en las criaturas humanas.

En consideración a la gravedad del diálogo, nos hicimos presentes, acompañados también por el hermano Elvidio.

-El aborto, como ambos sabemos, es un crimen nefasto -respondió la joven en estado de cólera.

-Sea como fuere, no hay otra solución…

Ella se puso de pie. Estaba transfigurada y poseída. Lo miró con furia y cambió el tono de su voz, al responder:

-Has traicionado a mi inocencia; me robaste la pureza de niña-mujer; me sedujiste con mentiras y alegatos que pretendían ser espirituales, infames… Ante las consecuencias de tu acto indigno, ¿deseas destruirme, empujándome hacia el aborto, a fin de que tu dignidad -¿cuál dignidad?- sea preservada? ¿Ahora tienes una familia y un nombre que cuidar, ante los miembros de esta Institución? ¿Por qué no lo pensaste antes? Yo tengo la mitad de tu edad y, desdichada, como un cordero confiado, me entregué al lobo voraz que me quiere consumir por completo. Debes saber, pues, que nunca abortaré, y si llego a ser obligada, maltratada por ti, me suicidaré… no sin antes dejar una carta explicativa sobre las razones de mi acción. ¡No te escaparás de mi odio, cobarde!

Estaba pálida y temblorosa, absolutamente incorporada por el desafiante adversario del Bien.

Antes de que él pudiese salir de su asombro, ella continuó, para entonces con la voz ronca, lo que indicaba la posesión de la cual era víctima:

-¿Dónde está tu Jesús, el manso cordero de Dios? –y soltó una atronadora carcajada.

Completamente aturdido, Eduardo la tomó de las muñecas, también enloquecido por el miedo y el estupor, y le dio una bofetada en la cara mientras le gritaba: -¡Despiértate!

Seguidamente, reconociendo que estaba ante un cuadro que era un brote obsesivo, se repuso y ordenó, mientras la sostenía:

-¡En nombre de Jesucristo, sal de ella, Espíritu de las Tinieblas!

-Si yo soy de las Tinieblas -replicó la obsedida-, ¿qué luz posees tú, criminal odioso y cobarde, que usas el nombre del Cordero para expulsarme? ¿Con qué autoridad lo haces? Yo la conduciré a la muerte, al igual que al hijo que tú rechazas... Y comenzó a gritar.

Se componía el escenario para un escándalo de otra naturaleza.

El benefactor dirigió una mirada a nuestro hermano Germano, a fin de que se acercara a la joven alucinada y, hábilmente, procedió a aplicarle bioenergía, mientras que con su mente interrumpía el flujo de las energías desafortunadas del obsesor, de modo de debilitarlo, a punto tal que ella hizo silencio y, a continuación, fue dominada por un desvanecimiento, cuando él la sostenía.

Simultáneamente, el mentor le aplicó idénticas energías, de modo de expulsar al verdugo desencarnado, y así fue como el silencio invadió el recinto.

Desde el exterior, algunas personas habían escuchado el altercado y se aproximaron al recinto, que felizmente estaba cerrado por dentro, y a raíz del silencio que se hizo se retiraron, intrigadas.

En aquel delicado momento, el benefactor envolvió al irresponsable, y comenzó a inspirarle calma y confianza plena en Dios. Las cuestiones difíciles no se resuelven aumentando su gravedad, sino atenuándolas.

Aún confundido, pero recibiendo la inducción generosa del médico de los desdichados, cuando recuperó la sintonía equilibrada, consideró:

-Perdóname, querida. Jamás supuse que algo semejante me ocurriría. No puedo negar que tu presencia en nuestra Casa ejerció sobre mí, desde la primera vez, una extraña fascinación afectiva. No justifico mi acto insensato, pero deseo explicar más la causa de este momento lamentable que acabamos de experimentar. Necesito tiempo para reflexionar sobre cuál es la mejor solución, para nuestra conducta futura. Deberemos evitar todo tipo de escándalo, que llevaría a nuestra Casa al tribunal del ridículo, al descrédito, cuando es un santuario digno y elevado, al cual he estado mancillando con mi conducta sórdida. Pensaré en alguna manera de alejarme de la dirección, por falta de conducta moral y espiritual para el cargo…

Hizo una pausa angustiosa y luego prosiguió:

-Mi matrimonio ha descendido a la zona de las desavenencias, desde hace algún tiempo, incluso antes de que tú aparecieras en mi camino. Tanto mi esposa como mis hijos tienen conocimiento de mi conducta improcedente, y ella -no pocas veces- me la ha reprochado, lo que termina en un altercado, como nos ocurrió a nosotros. Ya me había planteado la necesidad del divorcio; sin embargo, pretencioso y cómodo, preferí la situación de un falso vínculo, sin compensación afectiva. Ahora, cuando las circunstancias requieren una definición, rogaré al Señor que me conduzca con elevación en los próximos pasos que debo dar.

Sinceramente emocionado, tomándole las manos con ternura, suplicó:

-Concédeme tiempo, pese a la urgencia del problema. Aguarda los futuros acontecimientos.

Había lágrimas en sus ojos, como una linfa pura para lavar las imperfecciones, aunque tardíamente -es cierto-, pero a tiempo para impedir nuevos trastornos, que perjudicarían la respetabilidad de la Sociedad fundada en el amor y la iluminación.

Con el beneficio de las energías superiores, que en ese momento envolvían toda la sala, ambos se despidieron con la promesa de un nuevo y prudente encuentro, para definir los rumbos en dirección al futuro.

En las primeras horas del nuevo día, cuando hubiese amanecido, estaba programada una reunión mediúmnica para atender a los Espíritus obsesores que estaban encargados de valerse de aquellos hermanos carentes de vigilancia, para desprestigiar el buen nombre de la labor espírita.

Una delicada luminosidad perduró en el recinto, y cuando llegamos a la sala de las reuniones públicas, haces luminosos danzaban en el aire, mientras podíamos ver una especial claridad que se exteriorizaba desde el edificio, en dirección a la Espiritualidad. Algo sorprendido, estaba dispuesto a preguntarle al respecto al amigo Elvidio, cuando gentilmente él se acercó a mí y me informó:

-Amigo Miranda, el Centro Espírita es un santuario de bendiciones, donde los afligidos reciben el alimento de la paz y del coraje, mediante la oración dirigida a los Cielos. Todos los esfuerzos realizados, como sabemos, han tenido la característica del amor, que es el sello de Jesucristo en nuestra doctrina, y han producido sucesivas ondas luminosas, que ascienden en dirección al infinito para conseguir la sincronización con las Esferas benditas, que están velando por las tareas espirituales realizadas en la Tierra.

"Esa antorcha de luz también nos defiende de las agresiones más sórdidas, procedentes de los Espíritus tenebrosos, los cuales tienen dificultad para superar la barrera luminosa que, cargada de fotones, señala la existencia del Bien en acción a los trabajadores de la siembra del Señor que ya han desencarnado, y que buscan reposo y abrigo durante sus incursiones en el planeta.

"Jesús manifestó que Él es la *Luz del mundo*, y que todos aquellos que lo aman jamás transitarán en tinieblas. Cuando lo buscamos con frecuencia, y nos impregnamos de su luminosidad, finalmente nos transformamos, también, en focos diamantinos, pese a nuestra pequeñez. Las oraciones en conjunto -en todo lugar- se convierten en claridades soberanas."

Yo estaba deslumbrado. Es cierto que había imaginado que así era, pero tener la oportunidad de constatar la belleza del intercambio de vibraciones, entre la humana pequeñez y la magnitud del Amor, constituía para mí una alegría inefable.

En aquel momento, nuestro hermano Virgilio se acercó a comunicarme que el benefactor ya se encontraba en el recinto donde se produciría la reunión mediúmnica, y nos necesitaba a todos a partir de ese momento.

Cuando regresamos a la sala mediúmnica, allí estaban los demás miembros de nuestro equipo, el ilustre hermano Elvidio y varios miembros desencarnados de la Sociedad Espírita que nos hospedaba.

Sentados a la mesa, presidida por nuestro mentor, se encontraban dos médiums, emancipados de su cuerpo físico, y delicadamente nimbados por una peculiar luminosidad, dado que estaban orando, en perfecta sintonía con las tareas que iban a realizarse.

Al observar mi grata sorpresa, el director Elvidio, gentilmente, nos explicó la tarea que estaba programada, aclarando nuestras silenciosas preguntas en torno de ambos médiums.

-Se trata de servidores entrenados para la tarea de la desobsesión, portadores de una excelente foja de servicios al Bien.

"El más joven, Rafael, tiene aproximadamente cuarenta años, mientras que la Sra. Marcia ha superado los sesenta eneros.

"Rafael es soltero, y a temprana edad sintió la atracción hacia el Espiritismo, al cual se halla vinculado desde antes de nacer. Es espírita por segunda vez, porque en la existencia inmediatamente anterior vivió en Río de Janeiro. Allí participó de actividades doctrinarias en una venerable institución vinculada a la doctrina, cerca del comienzo del siglo XX. A consecuencia de comportamientos lamentables, en otras existencias, experimentó tormentosas perturbaciones en relación con el sexo, debido a sus excesos, y resultó víctima de Espíritus funestos -que pululan por todas partes-, que lo explotaron sin piedad.

"Desencarnó con algunos títulos ennoblecedores, pero también muy comprometido con la sensualidad, que le había ocasionado perjuicios orgánicos, emocionales y espirituales.

"Cuando despertó en el Más allá y se dio cuenta de los desbordes que se había permitido, se concentró en la rehabilitación, en nuestra Colonia, y obtuvo gracias a sus esfuerzos y a la intervención de quien era entonces su progenitora, el regreso al escenario terrenal, a fin de cultivar la disciplina y triunfar sobre las perniciosas pasiones primitivas.

"Con un esfuerzo hercúleo logró superar la etapa juvenil, sustentado en las lecciones recibidas en el grupo de jóvenes, al cual se había aficionado, y donde aprendió a canalizar las energías saludables del sexo en actividades iluminativas. Actualmente, mientras se encuentra en pleno y consciente proceso de madurez, resiste las incursiones de sus antiguos enemigos, que se valen de personas insensatas para arrojarlas a sus brazos -en intentos que han sido inútiles-, con miras a perturbar su esfuerzo orientado a la liberación. Incomprendido por algunos amigos que trabajan denodadamente en la institución, percibe sospechas en cuanto a su masculinidad, porque en un contexto de corrupción la salud moral es considerada como un desequilibrio de alguna naturaleza. Se ha mantenido más allá de la maledicencia, y afable con todos, de modo que atrajo una gran cantidad de simpatizantes de ambos sectores de la vida, y se convirtió en un excelente canal mediúmnico para la tarea de socorro a los hermanos más desventurados, los cuales se niegan a reconocer la excelencia de Jesús."

Observé al querido Rafael, que se encontraba en un desdoblamiento parcial, nimbado por una delicada luz que brotaba de su plexo solar y se confundía con las emanaciones de los chacras coronario y cerebral, lo que demostraba su profunda concentración. Un venerable Espíritu femenino lo envolvía con ternura, y deduje que se trataba de una progenitora del pasado.

Al cabo de un breve silencio, el benefactor prosiguió:

-Nuestra hermana, la querida Marcia, es viuda, y ha atravesado con elevación el calvario del matrimonio de prueba, durante más de treinta años. El esposo, temperamental y celoso, la había crucificado a partir de los primeros días del casamiento. No había sido madre biológica, y él la culpaba por la infertilidad, atormentándola sin cesar. En ese período de padecimientos, conducida por una vecina generosa, penetró por primera vez en este santuario, en busca de paz. Se la atendió con cariño, y dio comienzo a su iluminación con las lecturas, las reflexiones, las charlas y la convivencia con la Doctrina Espírita. Así, adquirió resistencia y comprensión acerca de las Soberanas Leyes de la Vida, para soportar el peso de la cruz con estoicismo, hasta el momento final, en que su insensato marido, teleguiado por Espíritus perversos, descendió a la tumba donde aún se encuentra en un lamentable estado de perturbación.

"Èl se manifestó más de una vez -por intermedio de ella- para ser esclarecido, y en la actualidad presenta alguna mejoría, con vistas a una futura reencarnación redentora.

"Abnegada y discreta, Marcia presta auxilio en las tareas de asistencia a los hermanos desafortunados que atraviesan una dolorosa situación económica; distribuye, junto con otras damas, cestas básicas de alimento, les aplica pases y les trasmite palabras de luz y de consuelo, con gestos de afabilidad y de dulzura.

"Es una excelente médium sonámbula, y nos ha prestado su auxilio en la atención a los hermanos más violentos, gracias al excelente control que sabe imponer a los comunicantes."

De nuevo hizo silencio, para agregar luego:

-La mediumnidad con Jesús es un calvario de redención. Nadie alcanza las cimas del mediumnato sin las condecoraciones de los sufrimientos debidamente soportados. Imaginan, aquellos que son irreflexivos e inconscientes, que la mediumnidad es una concesión para destacarse en la sociedad, para brillar en las reuniones dedicadas a futilidades, para revelaciones inconsecuentes o para reparar cuerpos ultrajados, que vuelven a degenerarse… ¡Qué grave error! La mediumnidad es un puente entre las diferentes vibraciones que envuelven al planeta, y se puede transformar en una luz sublimada, cuando se la dedica por completo al Bien sin límites.

"Un médium sin sacrificio, por más brillante que se presente, es como una orquídea: tiene bello aspecto, pero solamente adorna; es poco menos que inútil. Resulta indispensable que su facultad esté al servicio de los objetivos elevados de la caridad y el amor, de la iluminación de las conciencias y el consuelo a los corazones, bajo la égida de Jesús. Por ese motivo, la deserción de quienes son portadores de bellas expresiones mediúmnicas, acosados por los enemigos del Bien, por quienes son sus adversarios personales y del Cristo, se transforman en protagonistas y actores de los espectáculos terrenales, con lamentables consecuencias para ellos mismos."

En ese momento, amigos colaboradores de la Casa ingresaron trayendo a la joven Iracema -aún adormecida, pero con serenidad-; lo mismo ocurría con el hermano Eduardo.

Después de que fueron despertados, se reconocieron e intercambiaron sonrisas con espontaneidad.

Había, pues, un vínculo espiritual entre ambos. Miré al hermano Elvidio, quien al percibir mi silenciosa pregunta, vino a socorrerme con una explicación:

-No existe el acaso. Muchos de los encuentros en la Tierra son reencuentros programados antes del nacimiento, a fin de que sean resueltos dramas y problemas, que quedaron sin la debida solución en su momento. Ocurre que los impulsos primitivos sustituyen a las resistencias morales, y complican más el cuadro.

"Nuestra hermana Iracema ha sido la responsable del fracaso conyugal de su actual compañero, que naufragó lamentablemente en las aguas turbias de las pasiones, poco menos que salvajes. Su actual esposa es su devota compañera por segunda vez y, nuevamente, resulta ser la víctima de la liviandad de ambos... Es un Espíritu noble; ha resistido y está dispuesta a la separación, dado que reconoce la existencia de otra compañera, que está dominando el campo emocional de su marido.

"En la actual jornada, el corazón de Eduardo debería considerar a Iracema como una hija, de modo de sublimar el sentimiento apasionado de antes. Sin embargo, con la mente aturdida por los conflictos alimentados durante la juventud, él no supo separar el amor verdadero del deseo, y de inmediato se involucró emocionalmente, en ocasión de la visita en que la joven, como paciente, llegó al núcleo en busca de socorro. La precipitación y la vulgaridad son las responsables de las consecuencias que conocemos.

"Los adversarios espirituales del Cristo, aprovechando esas brechas morales, han estado utilizándolos con objetivos perversos y destructivos, según hemos ido observando.

"Pasemos ahora a las actividades programadas."

En presencia de los enfermos espirituales, que también se hallaban en la sala, amparados por la cariñosa asistencia de enfermeros de nuestro ámbito, el Dr. Bezerra imploró misericordia al Padre, en una sentida oración.

Los movimientos en ese ambiente eran esmerados, pese a la presencia de algunos Espíritus sufridores, que habían sido conducidos especialmente al recinto para que se beneficiaran con las vibraciones que reinaban en él, así como con las orientaciones dirigidas a aquellos que serían conducidos a la psicofonía atormentada.

El médium Rafael fue el primero en dar lugar a la comunicación de una Entidad de mal aspecto que, atraída por sus energías, después de algunas manifestaciones blasfemas, preguntó:

-¿Cuál es la razón de la violencia a la que soy sometido? Si de este modo se comportan los discípulos del Cordero maldito, ¿qué esperan de nosotros, que tenemos la misión de restablecer los gloriosos días inquisitoriales del pasado? La traición de la que soy víctima no será ignorada por nuestros jefes, que conjugarán todos sus esfuerzos para liberarme de la trampa a la que he sido conducido...

Con voz mansa y enérgica, el venerable amigo de los desventurados respondió:

-No existe violencia alguna en nuestro acto, porque tú, hermano y amigo, te encuentras aquí por espontánea voluntad, ya que has estado presente en esta Institución, y al lado de quien es su presidente, influenciándolo perversamente. Nuestro comportamiento está basado en la compasión en favor tuyo, porque aquellos tormentosos días medievales jamás retornarán. La Tierra vive en un nuevo contexto de ciencia y tecnología, de ética y de derechos humanos, y de ningún modo podrá retroceder ante las conquistas que caracterizan gloriosamente los días del presente. Es cierto que no ha habido un correspondiente desenvolvimiento moral de las criaturas, como es tu caso, querido visitante, que te aferras a los instintos para continuar usufructuando las energías deletéreas de los encarnados que faltan a la vigilancia, las cuales les sirven de alimento. Confesamos que estamos deseosos de que tus jefes vengan a dialogar con nosotros, a fin de que demostremos que somos todos hermanos en Cristo, y que juntos nos rendimos a Su amor...

-Debe ser una ironía -replicó el comunicante-, pues en el campo de batalla estamos en bandos opuestos. Nosotros nos complacemos, en efecto, en instalar el reinado del terror, porque eso es lo que la sociedad necesita, dado que se complace en la confusión, en el gozo embriagador, como si el cuerpo viviese para siempre... Y después de la tumba, estamos aquí, esperando a los idiotas que nos favorecen dispensándonos su asistencia, a fin de disfrutar, y dudo que deseen liberarse, por lo que aumentan la cantidad de nuestros servidores hipnotizados y dependientes...

-No ignoramos que tu argumento, pese a que es falso, tiene alguna lógica, si consideramos la locura que se apodera de la sociedad por la falta de vigilancia, incluyendo a los religiosos, que son inspirados a la crueldad por las mismas fuerzas del mal a las que tú te vinculas. No obstante, hay una renovación que flota en la atmósfera de este planeta bendito, en un momento de cambio evolutivo al que muchos en las Tinieblas se oponen, como en tu caso y en el de otros sufridos ejemplos.

"Pero lo que nos preocupa en este momento, es tu saña contra esta Casa de amor, dedicada a la edificación de la fraternidad en la Tierra, especializada en atender al dolor…

-¡Hipócrita! —reaccionó el señalado-. Tú no ignoras que solamente intervenimos cuando encontramos reciprocidad mental y afinidad emocional. Nos acercamos a aquellos que se complacen con nuestras energías y con nuestras propuestas de placer alucinante. Veamos el caso de nuestro compañero Eduardo, que dirige la Institución. ¿Cómo es su comportamiento? Pusilánime, predica amor y caridad, mientras burla la confianza de jóvenes frívolas y de señoras perturbadas, que buscan su palabra de consuelo. Él aprovecha la posición que disfruta, así como la situación de divulgador del Bien, para su propio beneficio, que es la depravación. No le imponemos nada, pues su territorio mental está dominado por pensamientos serviles, que a nosotros nos agradan. Nuestra tarea es mínima; solamente intensificamos su voluptuosidad, y disfrutamos a través de él los favores del placer, del que la muerte nos privó a causa de la descomposición del cuerpo.

Cuando fue mencionado por su nombre, el Sr. Eduardo experimentó un gran choque, al constatar que se había estado comportando con absoluto olvido de los valores éticos, morales y espirituales, pues se entregaba a la corrupción profunda de los sentimientos, que para entonces estaban enviciados. Lágrimas ardientes estallaron en sus ojos, que reflejaron -desmesuradamente abiertos- su espanto. Nunca había imaginado que su lamentable conducta era ocasión para la burla y el vampirismo por parte de desencarnados ignorantes y explotadores. Estaba a punto de gritar por la desesperación, cuando el hermano Germano, respondiendo a una mirada del guía, se le acercó y trató de tranquilizarlo con palabras amistosas, al mismo tiempo que le aplicaba energías para dispersar las horribles condensaciones mentales. Poco a poco, lo fueron calmando.

Iracema, también sorprendida, no pudo esconder las emociones que brotaban de su alma a través de los ojos humedecidos por las lágrimas.

-La vestimenta física -explicó el Dr. Bezerra al obsesor- es una escafandra que pesa mucho en la esfera del Espíritu, porque bloquea su discernimiento y, a través del periespíritu, le hace experimentar la urdimbre de las acciones del pasado, en las cuales se comprometió. Lo mismo, no obstante, ocurre en lo que atañe al Bien, cuando los archivos del inconsciente están sobrecargados de lecciones de amor, sacrificio y nobleza. Gracias al conocimiento del Espiritismo, el ser humano puede -en la actualidad- rectificar su conducta enfermiza del pasado, recurriendo a los buenos pensamientos, a la edificación interior, e incluso, cuando nuevamente cae en el error, puede perseverar en los propósitos de renovación. El olvido del pasado constituye para él una bendición, porque borra de la memoria los recuerdos más dolorosos, y porque atenúa las ansias de los vicios, que vuelven a surgir como tendencias. Entonces, con los valiosos tesoros de la oración y del arrepentimiento ante el mal practicado, se levanta y avanza por las sendas del servicio renovador.

"Por tu parte, amigo, aún te complaces en perturbarte a ti mismo, y a otros, porque no has disfrutado -como en este momento- de las vibraciones que te apaciguan, las cuales absorbes al comunicarte a través del instrumento humano del que te vales. Aun cuando mis palabras no encuentren eco en tu mente, hipnotizada por las potencias malignas, experimentas sin duda una cierta sensación de paz, que proviene de los fluidos del médium, saludable y compasivo.

"Cuando Jesús nos indicó la oración por el prójimo, en especial por los enemigos, Él sabía que esa psicoterapia se hace acompañar por las emanaciones mentales y físicas de quien ora, que envuelve al otro en una delicada vibración de misericordia y de amor, con fuerzas para disolver las ondas de odio, de resentimiento y de amargura, lo que torna feliz al perseguidor.

"Existen razones que causan y explican el desequilibrio de la conducta de Eduardo; pero a ti no te cabe el derecho ni el deber de cobrarle, porque nadie se exime de la presencia de las soberanas leyes de justicia, establecidas por el Señor de la Vida."

-Sin embargo -replicó el indicado-, tanto otros como yo mismo, que estamos instalados aquí, tenemos recomendaciones y motivos para hacer que se desmorone el edificio espiritual que ha sido erigido en nombre de Aquel que, en el pasado, arruinó nuestra existencia a través de sus corifeos siniestros y criminales. Tengo la certeza de que no te es extraña mi información, porque reconozco los valores que te adornan. A pesar de eso, estamos al servicio de nuestra organización, que se propone ajusticiar a los criminales y restablecer, en la Tierra, la doctrina que se impondrá un día como la verdadera. *¡Shalom!*

El benefactor, sin preocuparse con las referencias, explicó:

-¿No te suena extraña la palabra Paz en este diálogo, y en los propósitos alimentados en relación con un combate nefasto? ¿Cómo será posible pronunciarla con el aplauso de la violencia, del terrorismo, de la persecución? Tú y tus correligionarios pretenden la destrucción de este núcleo de amor y de iluminación, pero ¿acaso se olvidan de que el Señor Jesús, quien administra el planeta, está comandándolo? Inútil sería toda tentativa de esa clase, porque Sus *ejércitos* son como las estrellas del Cielo, que descenderán a la Tierra y la iluminarán, cambiando la espada por la cruz, el incendio destructor por la llovizna que refrescará el suelo, para la siembra del amor. Además, Él no desea la *muerte del pecador, sino la del pecado*, y lo eleva a la redención.

"El mal que te han hecho, tanto a ti como a muchos otros, no fue por inspiración de Jesús, sino por los intereses viles de aquellos que se decían Sus discípulos. Lo mismo ocurrió entre los fariseos y los miembros del Sanedrín cuando se levantaron contra Él, y solamente se tranquilizaron cuando lo colocaron en la cruz de la vergüenza, a la cual Él santificó con Su sangre y Su muerte, mediante el perdón para todos. Aún hoy, muchos se escudan en Él para usar el látigo, cometer crímenes, enriquecerse, mientras los pobres enloquecen de dolor en los antros que les sirven de albergue. Con todo, y de la misma manera, tu lucha, así como la lucha de tus pares, no encuentra eco en la tradición que se propone unir a todas las tribus de Israel y guiar a los gentiles... ¿Será por ese medio, y de ese modo, que eso se logrará? ¿Puede el crimen servir de instrumento para el orden y el equilibrio?

"El retoño de nuestra hermana Iracema y de Eduardo, pese a las circunstancias adversas, renacerá en la carne a fin de auxiliar a los padres -que hoy están afligidos-, a encontrar una solución para los desafíos de la existencia, y tu intervención, tanto como la de otros hermanos infelices, tendrá efectos nulos.

"Aprovecha este momento para conocer a Jesús, experimentando Su reflejo en los miles de personas que llegan hasta aquí en busca de amparo y consuelo, orientación y energías para afrontar sus propias pasiones, así como las incitaciones del mal. Sabemos que tú, hermano, eres gentil y tienes sentimientos dignos, aunque por ahora estés sometido a la vergonzosa coacción que te ha sido impuesta por los enemigos de la humanidad, del amor y del progreso."

Mientras el Dr. Bezerra hablaba, sin que el oponente reaccionara en contra suya, el amigo Germano le aplicaba pases para quitarle las densas energías de las que era víctima en un demorado proceso de envenenamiento. De ese modo, fue posible que experimentara un cierto bienestar, que lo liberaba de la cárcel del placer por el odio.

En ese momento, con la vibración de amor y de compasión que envolvía al opositor, el Dr. Bezerra concluyó:

-Libérate de la cárcel del mal, pues hay otros comportamientos felices; respira el aire de la alegría y de la paz, concédele a aquel que consideras tu enemigo el derecho y la oportunidad de rehabilitarse, de rescatar sus propios errores sin agravar la situación. Confía en Jesús, que nos aguarda hasta hoy, sin queja alguna. Somos tus amigos y hermanos devotos. Después de nuestro diálogo, te invitamos a que permanezcas con nosotros, para que recibas el auxilio que podemos dispensarte y, sobre todo, para que comiences a ser feliz.

Mediante la acción adecuadamente coordinada del *pasista* y de las palabras finales del benefactor, el perseguidor se adormeció, y fue desvinculado del médium por el hermano Elvidio.

Acto seguido, observamos que doña Marcia, la venerada médium, se encontraba sometida a la acción de un Espíritu que deliraba y le producía contorsiones angustiantes, transfigurando su rostro, que quedó deformado, con los ojos desmesuradamente abiertos, mientras escapaba por el borde de su boca una baba venenosa.

Con alguna dificultad al principio, tartamudeando, para luego volverse locuaz, el comunicante gritó, con un estertor:

-Los hechiceros que crearon la Santa Inquisición -rugió, como si emitiese una carcajada burlona- ahora se entregan a la necromancia, obligando a que los muertos cumplan sus caprichos. Antes colocaban en las tumbas la frase latina *Requiescat in pace* (*Descanse en paz*), y ahora, por su atrevimiento, son los primeros en perturbarlos con sus evocaciones e imposiciones fetichistas, como si pudiesen transitar por las regiones sombrías del Más Allá con el necesario conocimiento. O ignoran lo que ocurre con nosotros, los muertos que estamos vivos, o pretenden revertir el orden existente, mediante sus interferencias.

"Se mezclan aquellos que están sumergidos en el cuerpo físico con aquellos que se encuentran liberados de él, para incomodarnos con su verborragia agotadora e inútil, vistiéndose como los buenos samaritanos de la ridícula parábola de su Maestro, suponiéndose capaces de deambular con seguridad por nuestro dédalo, sin que corran los peligros que los aguardan.

"Vamos, pues, a lo que más interesa. ¿Por qué me evocaron? ¿Qué pretenden de mí?"

Con voz serena, sin mostrar preocupación alguna -excepto el interés del bien-, el mentor Elvidio lo atendió, en respuesta a una mirada del benefactor, explicando:

-Querido amigo, estás perfectamente consciente de lo que sucede en este momento. Esta es una Casa que se dedica a la comunicación con el denominado *mundo invisible*, donde la vida bulle, de donde hemos venido y hacia donde todos retornaremos, pues *la Casa del Padre tiene muchas moradas*, siendo esa la legítima e inevitable.

"Sabemos, en efecto, acerca de los riesgos inherentes a toda incursión en esos laberintos, especialmente aquellos que son la sede de la impiedad y la locura, que supieron edificar reinos quiméricos de sufrimientos que desorientan, olvidados de que por encima de aquello que hagan está el Sublime Guía y Arquitecto del planeta terrestre: ¡Jesucristo!

"También nos cabe el deber de explicar que no ejercemos la necromancia, ni ninguna práctica censurable, como la de las evocaciones imprudentes, porque tú estás aquí por espontánea voluntad o, tal vez, sometido a las órdenes de algún sicario, que te esclaviza a sus pasiones viles.

"Es probable que algunos de nosotros hayamos trabajado intensamente en la funesta Inquisición, hija aciaga de nuestras pasiones, en los ya remotos días del pasado, mezclando las lecciones de amor con las miserias transitorias del mundo, fascinados por el engañoso poder, olvidados de la inmortalidad, en la cual todos nos encontramos sumergidos. Hoy nuestros proyectos y acciones son muy diferentes, pues por fin hemos descubierto el significado de las lecciones incomparables del Evangelio, dedicándonos a vivir según ellas y a dispensar auxilio a aquellos a quienes hemos afligido, de modo que se liberen del sentimiento de odio que conservan hacia nosotros."

Para nuestra sorpresa, el visitante permaneció en silencio, escuchando las explicaciones, aunque su rostro estaba deformado; se asemejaba mucho a un lobo, con sus ojos diminutos y brillantes, mientras exteriorizaba terribles vibraciones de odio y desprecio.

Tras un intervalo, que se produjo espontáneamente, el desdichado estalló, con ironía:

-Miserables, discípulos del Carpintero criminal, cuya crucifixión no fue suficiente para acabar con Su vida y sus propósitos vergonzosos. ¡Qué pena que no haya habido en la época de Él mejores recursos para exterminarlo! ¡Inundó los siglos con su mensaje de compasión, y ha gobernado conjuntamente con la Roma asesina, lo que ha convertido al mundo en un feudo de dominadores crueles, que no dudaron en matar a los herederos de Moisés y de la Tradición judaica!

"Ambiciosos desalmados, se valían de los pérfidos argumentos relativos a que habíamos asesinado a su Dios, y así hicieron que nuestro nombre fuera execrado a través de los tiempos, mientras ellos se apoderaban del mundo, al que aparentaban combatir. Como corolario de su horrenda acción, se aprovecharon de que hemos vivido sin patria, desde los años 70 y 150, cuando en ocasión de las diásporas nuestra tierra sagrada fue destruida y transformada en una provincia pagana.

"Hoy, mientras tanto, cuando intentan el renacimiento de las ideas de Él, al cabo de sus fracasos a lo largo de los tiempos, debido a las adulteraciones y los crímenes cometidos en su nombre, pretenden dominar nuevamente la Tierra, algo que jamás permitiremos.

"Destruiremos cada foco, cada núcleo donde Él se refugie, porque conocemos a sus jefezuelos, que son los mismos miserables que en el pasado destruían a los pueblos, que saquearon el oriente, que aspiran a las grandezas de un nuevo Imperio Romano, que es imposible volver a erigir…

"A ustedes los conocemos de antes, y sabemos de qué son capaces, pero nosotros también disponemos de armas de seducción, de intriga, de destrucción, porque conocemos vuestros puntos vulnerables, vuestro talón de Aquiles… y ninguno escapará a nuestras hábiles maniobras. Veamos, en principio, qué es lo que ocurre aquí, donde la hipocresía y los abusos se han instalado."

El hermano Elvidio lo interrumpió para dar una explicación:

-Reconocemos que hemos transitado por esos caminos escabrosos, pero se trata de una página superada que forma parte de nuestro pasado, a semejanza de las piedras que se convierten en cimientos de los edificios de protección, de socorro, de educación, de las cuales casi nadie se acuerda. Tales experiencias, que nos han conducido antes a situaciones penosas de rescate, ahora son benditas lecciones, para que no repitamos los mismos errores, ni cometamos otros.

"La doctrina de Él, que en la actualidad ha sido restaurada por los inmortales, y confirmada por aquellos que, como tú, retornan para advertirnos que somos responsables de todo lo que hacemos, constituye para nosotros un alimento para nutrir nuestra alma, y luz para que no caigamos en las tinieblas de la ignorancia.

"Reconocemos que hemos sido perversos y alucinados -así como tú lo eres ahora, querido amigo-, lo que mucho lamentamos. No obstante, predomina en todos nosotros el interés por la rehabilitación, el deseo de impregnarnos de paz, y el anhelo de servir a Dios a través de nuestro prójimo, acosado por las aflicciones.

"Al escucharte, es como si estuviéramos recapitulando nuestras existencias anteriores, caracterizadas por las tormentas de las pasiones brutales, a las que el paso del tiempo y el dolor aliviaron, proponiéndonos un cambio radical en nuestra conducta.

"Las amenazas de destrucción de nuestros centros de actividad no nos intimidan, porque tenemos como templo a la Naturaleza, y como altar -para las expansiones fervorosas- a nuestro corazón, como lo hemos aprendido con Jesús."

-Tus lamentos no me sensibilizan, porque conozco las técnicas de los farsantes, que apelan a los sentimientos de los débiles para conquistarlos y después degollarlos. Recuerdo lo que les prometían a los marranos, y cómo los trataban y los destruían después, porque siempre han sido traidores.

"En la actualidad, hemos formado un ejército de combatientes debidamente equipados para la batalla, en consideración a nuestra ventajosa posibilidad, porque estamos fuera del cuerpo. Nos hemos agrupado en un verdadero ejército, bajo un comando vigoroso, aplicando las modernas técnicas de seducción e interferencia psicológica. Ya no avanzamos como una banda desordenada, como lo hicieron los godos, los visigodos y los ostrogodos, quienes lograron conquistar los objetivos que se proponían. Muchos de nosotros hemos vivido en el período de los hunos, en el 376; después invadimos Roma, en el 410, con Alarico (visigodo), en ocasión del inolvidable saqueo de la denominada *ciudad sagrada*, y de la debilidad moral de los cristianos que la dominaban, modificando por completo la política vigente. Ahora, mucho más experimentados y conocedores de los puntos neurálgicos de los nuevos *apóstoles* -soltó, al decir tales palabras, una sonrisa con terrible ironía-, desmantelaremos sus nuevos monasterios y castillos, pero desde adentro hacia afuera.

"El orgullo y la presunción, las ansias de dominar que subsisten en los diversos jefes de las agremiaciones cristianas, especialmente de aquellas que se dicen construidas bajo las luces del *Consolador* -nuevamente soltó un estertor, con un desprecio poco habitual-, no se mantendrán en pie, y el nuevo período de la humanidad será edificado a partir del temor a Dios, después de los sacrificios de los *fieles*, como antiguamente ocurría en los circos. ¡El poder de nuevas creencias dominará la Tierra, y todos se doblegarán ante la decisión entre Moisés o Jesús!

"¡Un nuevo período de decadencia arruinará a la Tierra!¡De los escombros, la Tradición hebraica extraerá el Dios único y victorioso, a través de su Mesías divino, que concederá el mundo a la Israel liberada y a la nueva Jerusalén dominadora!"

El hermano Elvidio, discreto e impertérrito, replicó con calma:

-El panorama histórico expuesto, nos demuestra que las glorias del mundo son transitorias, porque todo eso es pasado, y la realidad del presente es otra, diferente por completo. La Tierra jamás volverá a ser gobernada por un solo pueblo, ni por un déspota, ni por algún legendario guerrero, pero sí por Jesucristo, que aguarda pacientemente que nos confiemos a Su amor. Las armas que destruyen ya no podrán superar a los instrumentos de misericordia y de compasión que, conducidos por el amor, sobre los escombros a los cuales tú hiciste alusión, erigirán a la humanidad fraternal y solidaria con la que todos soñamos.

"En el pasado, san Benito erigió los monasterios y sacó a los anacoretas de las grutas del desierto, para que pudiesen meditar entre sus paredes. A continuación, percibió que más allá de las meditaciones eran necesarias las acciones y, acompañado por san Gregorio, estableció las reglas de la solidaridad y la caridad en favor de los desventurados, orientando a las instituciones que surgieron en la Edad Media a que siguieran el ejemplo de Jesús, mediante la frase *ora pero trabaja, porque la pereza es enemiga del alma*. El paso del tiempo y las lamentables circunstancias de las pasiones humanas destruyeron ese digno patrimonio, cuando comenzaba el segundo milenio, pero Jesús envió a Francisco de Asís, a fin de que restableciera la necesidad del amor, y el *Hermano Sol de Asís* modificó nuevamente la Tierra.

"Vinieron los poderosos equivocados que crearon las Cruzadas y la Inquisición, reactivaron el autoritarismo criminal, mataron, incendiaron el planeta, y cuando todo parecía estar bajo el dominio del materialismo, el *Consolador* llegó al mundo físico para restablecer la verdad. Ya no son las criaturas quienes realizan la gran obra del amor, sino los inmortales, despojados del cuerpo, como nosotros y como tú, querido hermano, a fin de demostrar la realidad de la supervivencia del Espíritu, y la transitoriedad de la materia y de sus nefastas conquistas.

"Todo pasa, por cierto, y otras son las épocas, como tú bien afirmas. Sin duda, Moisés tuvo su momento, así como ocurrió con otros líderes espirituales, a semejanza de Buda, Confucio, Akenaton y otros, pero Jesús siempre estuvo -y se encuentra- por encima de ellos, que son sus embajadores, para sensibilizar a los Espíritus hasta que estos se encuentren en plena identificación con la verdad, y sea instaurado el Reino de los Cielos en los corazones, y no en forma geográfica, del modo como tú, querido hermano, esperas y sostienes.

"De ese modo, no nos veas, pues, como aquellos personajes medievales responsables de las calamidades que te afectaron y de las numerosísimas víctimas, y recuerda que también eres portador -según dijiste- de las heridas en llagas abiertas a consecuencia de los crímenes practicados en siglos anteriores, durante los períodos en que los bárbaros invadieron Europa.

"Ahora comprendo el poder de la Ley de Causa y Efecto... Las víctimas *inocentes* que fueron asesinadas por la Santa Inquisición, eran nada más ni nada menos que los homicidas de siglos anteriores, que devastaron por entonces la civilización europea, y que vinieron a rescatar sus sórdidos crímenes, incluso el de echar sal en el suelo para que en él nada germine... Nadie escapa impune de sí mismo, de las leyes soberanas que en él mismo están grabadas.

"Es cierto que el Padre de Misericordia no necesita de la intervención humana, imperfecta y vengativa, para volver a conducir al bien a los infractores, pues dispone de mecanismos superiores, mediante los cuales todos pueden rehabilitarse. Con todo, el libre albedrío de las criaturas humanas, desatinadas, prefiere la justicia a su modo y se sumerge en los abismos de la locura, que las domina durante largo tiempo.

"Es hora, por lo tanto, de efectuar otro tipo de reflexiones. Tú reconoces que has pertenecido a las hordas alucinadas de la destrucción, y que has pasado por el proceso de rescate doloroso que, en vez de abatirte, si lo hubieras comprendido correctamente debería haberte servido como motivo de alegría, sin buscar la venganza absurda, pues reincidirías en vínculos de los cuales te habrías liberado si hubieses entendido la lección reparadora que te impuso el Creador."

Las explicaciones lógicas, presentadas con una considerable dosis de bondad, sin resentimientos de parte del expositor, en cierto modo sensibilizaron al rebelde, que permaneció en silencio, atento y meditabundo.

No obstante, antes de que el angustiado Espíritu pudiese expresar su pensamiento, dando continuidad al discurso plagado de reproches y propuestas de venganza, el hermano Elvidio destacó:

-Todo intento de diálogo, en este momento, es infructuoso, pues siempre será derivado hacia las ideas que han sido retenidas a lo largo de los siglos... Por ese motivo, vamos a recurrir a la terapia del sueño sedante, para futuras incumbencias. En este instante, por más claras y objetivas que sean, las discusiones resultarán inútiles.

El amigo Germano se aproximó a la médium, y comenzó a aplicarle fluidos anestésicos, mientras el mentor, con voz monótona, sugería al comunicante que se adormeciera.

Cuando aún no habían transcurrido dos minutos, el visitante espiritual reposaba -produciendo un cierto ruido- en su profundo sueño hipnótico.

Desvinculado de la abnegada médium, con delicadeza, fue acomodado en una camilla especial, para las futuras providencias.

La hora había avanzado, y llegó el momento de dar por finalizado el valioso cometido.

El Dr. Bezerra, visiblemente emocionado, oró al Señor Jesús agradeciéndole las bendiciones que habían recibido, y suplicando misericordia para aquellos Espíritus que se complacían en el mal, como también para las criaturas humanas que se habían descuidado, dentro del cuerpo, y se habían alejado de su realidad como Espíritus.

Una atmósfera balsámica y delicadamente perfumada invadió el ambiente, mientras tenues copos de luz caían sobre los presentes.

El amigo Eduardo, sumergido en sus preocupaciones, lloraba copiosamente, sostenido por nuestro compañero Virgilio Almeida, mientras Iracema demostraba su aflicción a raíz de la circunstancia en que se encontraba.

Ambos fueron nuevamente conducidos al hogar, al igual que los médiums que habían sido utilizados en la hermosa tarea de socorro.

La noche, coronada de estrellas, que parecían lámparas mágicas balanceándose en el firmamento, avanzaba rumbo a la madrugada.

6

RESTABLECIMIENTO DE LA DIGNIDAD

Cuando despertó, esa mañana inundada por el sol, el Sr. Eduardo se hallaba aturdido, y recordaba parcialmente el sueño revelador. Se alternaban en su interior el bienestar y el disgusto, extrañas sensaciones derivadas del conflicto que se había instalado en él, a consecuencia de su comportamiento insensato.

Luego de meditar durante algunos minutos, en el intento de hallar una línea orientadora del razonamiento, recordó la satisfacción al orar, y sumergió el pensamiento en ese bendito recurso, que le proporcionó armonía interior.

El mentor Elvidio se aproximó a él y le inspiró decisiones impostergables, de modo que se liberara de la constricción obsesiva de la cual se había convertido en víctima.

Reconocía que se había arrojado, voluntariamente, a un abismo de naturaleza moral, y captó la idea de reunir a la comisión directiva de la Institución, con el propósito de alejarse de la presidencia y -a continuación- sostener una conversación extensa y digna con su esposa, de quien se encontraba separado dentro del hogar, pues apenas mantenían las apariencias de la relación conyugal, aunque sin una comunión afectiva. Pensó en los hijos adultos y se conmovió, reconociendo que había entregado su conducta a una modalidad promiscua. El rocío de las lágrimas lavó sus imperfecciones y, liberado de la situación obsesiva, con la mente clara y los sentimientos lúcidos, se recuperó y experimentó una peculiar sensación de alivio, a la que ya no estaba acostumbrado.

De inmediato, pasó a las actividades diarias hasta la noche, cuando solicitó una reunión con los demás directores de la digna Casa de amor, a lo que todos respondieron con gentileza. Por cierto, algunos de los miembros estaban disgustados con su conducta, aunque ignorasen la realidad de los tristes acontecimientos.

Después de una fervorosa oración, en la cual suplicó la ayuda divina, sin más demoras solicitó una licencia a su cargo en la administración del Núcleo, alegando problemas personales de cierta gravedad, y comprometiéndose a continuar atendiendo las tareas, pero sin convertirse en *la piedra del escándalo*.

Manifestaba que carecía de capacidad para continuar en la dirección del bendito instituto de iluminación, y consideró que él mismo se encontraba necesitado de una nueva orientación, personal y espiritual. Evitó entrar en detalles que, además, eran innecesarios. A continuación, informó gentilmente a sus compañeros la decisión de divorciarse de su esposa, que ya no lo soportaba, a fin de quedar libre para futuros compromisos que pretendía asumir.

A la sorpresa inicial de algunos de sus amigos, siguió la comprensión acerca de la fragilidad humana, de las interferencias espirituales negativas, cuya presencia habían estado observando, lo que generaba situaciones algo embarazosas en la comunidad que administraban. Pese a que habían sido advertidos por los mentores acerca de la necesidad de la vigilancia, como habitualmente acontece, se había pensado en peligros que provendrían desde afuera, pero el problema más serio era interno, y estaba relacionado con quien más debía velar por la conducta y el correcto desenvolvimiento de las actividades cristianas, siguiendo el modelo de Jesús.

Hubo momentos de profunda emoción en el trabajador que estaba despertando, y pedidos de disculpas y de perdón, a fin de que no se le negara la asistencia fraterna, y que se evitaran los comentarios redundantes en relación con lo acontecido.

Por último, explicó que deseaba someterse a un tratamiento especial mediante pases, en las reuniones especiales.

Cuando terminó la reunión, se planteó la alternativa de su sustitución por el Vicepresidente 1º, y luego de que fuera redactada un acta sucinta de los puntos tratados, todos la firmaron.

Sentía que se había liberado de un pesado fardo, que lo abrumaba íntimamente y, al mismo tiempo, la culpa que lo aturdía comenzó a disminuir la inclemencia de su reclamo.

Al día siguiente, domingo, reunió a la familia, por la tarde, para una comida compartida con los hijos y la esposa, oportunidad en la que expuso las dificultades personales que había estado afrontando desde un tiempo atrás, así como la necesidad de ayuda, de comprensión de parte de todos, especialmente de su esposa, digna y fiel, que había sabido permanecer en un clima de nobleza, aun cuando percibía las graves irregularidades de su comportamiento. Explicó que ya se encontraban separados en el tálamo conyugal desde tiempo atrás, y que gustoso le concedería la libertad -a través de un divorcio sin litigios- con el compromiso de someterse a todas las exigencias que se le plantearan.

El impacto resultó fuerte, y a los hijos se les humedecieron los ojos con lágrimas, porque aunque percibían las dificultades de sus padres, ignoraban la crisis de su relación.

La señora Etelvina, después de la exposición que realizó su marido, también emocionada, concordó, sin exigencia alguna, en la separación legal del vínculo que moralmente se había roto, lamentando lo sucedido, que mucho la entristecía.

La hija mayor, ya casada, que les había dado dos lindos nietitos, en un impulso magnánimo averiguó:

-¿Será el divorcio el mejor camino hacia la armonía de la pareja? ¿No habrá alguna alternativa, algún período de experiencia intentando volver a comenzar…?

Ese fue el momento más doloroso, porque el progenitor, emocionado, y con voz temblorosa confesó:

-No veo cómo volver a empezar… He sido infiel a mi hogar. Pese a que soy un miembro activo del movimiento espírita, mi conducta no condice con las sublimes enseñanzas del Evangelio. He ido despertando a la realidad, que para mí estaba obnubilada por perturbaciones interiores y espirituales y, recientemente, llegué a la conclusión de la necesidad de cambiar de conducta, para redimirme -mientras estoy a tiempo- de los compromisos incorrectos a los que me he sometido. Aguardo el perdón de todos, por lo que ahora voy a exponer:

"Voy a ser padre -la voz reprimida fue casi inaudible- y no podré abandonar a la joven a la que engañé, ni a la criatura que tiene necesidad de nacer."

Ante el silencio espontáneo que se había generado, en medio de las lágrimas de los presentes, prosiguió:

-Cuando la mujer a quien me aficioné -que tiene tu edad, hija querida- me dio la noticia, llegué al desatino de exigirle que abortase a la criatura… Debo de haber estado loco, poseído, o con ambos trastornos, puesto que en la tribuna espírita enseño que el aborto es un crimen repugnante. No soporto más tantos conflictos, y estoy intentando redimirme mientras queda tiempo. Ningún camino existe hacia la rehabilitación excepto la verdad, con todos los padecimientos que se presenten, y las decepciones que provoque, inicialmente. Soy el Lázaro moral en busca de la salud, corriendo detrás de Jesús, en la persona de mis hijos y de mi sufrida esposa. Jesús tuvo misericordia de todos y, por cierto, habrá de tenerla conmigo también, si mis hijos y mi esposa fueran capaces de entenderme, de perdonarme, y aunque les parezca difícil el perdón, al menos disculparme de las acciones pérfidas que he estado cometiendo…

No pudo continuar porque las lágrimas se lo impedían. Su arrepentimiento era sincero.

Aunque estaba amparado por el hermano Elvidio, y con nuestra presencia le trasmitíamos coraje y valor moral, se trataba de un momento muy grave y significativo.

Doña Etelvina fue la primera en responderle, con gran emoción:

-Puesto que hemos fracasado en la relación conyugal, conservemos la fraternidad, la amistad, en homenaje a los días buenos que hemos disfrutado, y a modo de retribución a los hijos que Dios nos concedió, para que los encamináramos a Él. Acepto la propuesta de divorcio, sin prisa ni exigencias…

Seguidamente, los hijos lo abrazaron, comprensivos y dolidos.

Anochecía… No había nada más para discutir sobre los detalles del divorcio y de la reorganización de la familia, ya que los hijos residían en sus propios hogares, de modo que el compañero, arrepentido, propuso:

-Podremos orar, en agradecimiento a Dios, a favor de nuestra unión permanente, y por haberme dado fuerzas para ser honesto con mi amada familia, a la que he faltado el respeto que le debía.

Como todos consintieron, él oró con unción, mientras nosotros -los Espíritus que estábamos presentes- aplicamos pases a todos, y participamos de la acción de gracias de esa tarde inolvidable.

La psicósfera ambiental se modificaba, a consecuencia de la transformación personal del jefe del hogar, lo que propiciaba la visita de Espíritus amigos y familiares, que se encontraban con dificultad para brindar asistencia a la pareja, debido a que los enemigos del bien se habían apoderado de las reservas morales del paciente.

Aunque quedó muy dolida, la Sra. Etelvina se sentía aliviada de su intenso padecer interior, que había mantenido en silencio.

Se proponía continuar como amiga de su desdichado marido, de modo que ella pudiese auxiliarlo en lo que fuera necesario. Su amor superaba los límites de la comunión carnal. Era espírita, y frecuentaba la Asociación que él dirigía, pero ya no soportaba admitir el modo como él se comportaba en relación con otras mujeres, a las que trataba de seducir…

Transcurrieron algunos días, y una semana después del encuentro con nosotros en el ámbito espiritual, nuestro amigo fue en busca de la joven Iracema, que se encontraba sumida en una profunda depresión, como resultado de las reminiscencias que conservaba de la reunión de esclarecimiento en la cual había participado, y porque sabía que su amante no deseaba aceptar al hijo que estaba formándose en su vientre.

Sin embargo, había evitado un encuentro personal, porque no sentía las fuerzas morales suficientes para un enfrentamiento, como ya había ocurrido. Angustiada y aturdida, pero asistida por nuestro amigo Germano Passos, a fin de evitar que cayera en las tramas de las entidades frívolas y perversas que pululan en todas partes, aguardaba encontrar la facilidad de una sintonía.

Concluida la reunión doctrinaria, en la que ambos se hallaban presentes, él se le acercó y la invitó a que tuvieran una larga conversación.

Sin oponer resistencia, la joven aceptó la invitación y fueron a su residencia, pues vivía a solas y era responsable de su propio sustento, a través del trabajo dignificante al que se entregaba.

Ella notó el cambio en el trato que le dispensaba su compañero, y quedó sorprendida aun antes de escucharlo.

Cuando llegaron al modesto departamento, que ya era familiar para el visitante, después de considerar temas intrascendentes, le cupo al arrepentido caballero darle una explicación:

-He estado haciendo acopio de energías para este momento, que marcará el comienzo de nuevos rumbos en nuestra existencia.

"A partir de un sueño en el que me vi envuelto por Entidades de las sombras, y luego liberado por los benefactores espirituales, algo profundo me ocurrió.

"Aquí estoy para ratificarte mi amor y mi devoción, incluso asumiendo la responsabilidad de nuestro futuro hijito, a quien en poco tiempo más tendremos en nuestro brazos."

La joven no podía creer que aquel que estaba al lado suyo fuese el mismo hombre que, no hacía mucho, la había inducido al aborto criminal. Con todo, antes de que la joven le hiciera alguna pregunta, él resumió los acontecimientos de los dos últimos días, a partir de su alejamiento de la dirección de la Sociedad, hasta el divorcio que le había propuesto a su esposa, junto con la narración de todas sus faltas, en presencia de los hijos.

Detalló las emociones que entonces lo dominaban y el sincero deseo de erigir, junto con ella, si lo quisiera, un nuevo hogar sobre bases de dignidad y afecto sincero.

Muy conmovida, la joven se sintió envuelta en vibraciones de esperanza y de incontenible alegría.

Le agradeció el valor y las propuestas que le había hecho, lamentando los perjuicios que aquel afecto entre ambos había ocasionado.

Sintió piedad por doña Etelvina, porque los hijos de la pareja ya eran adultos y tenían capacidad para entender los acontecimientos.

Al percibir que estaba amparada, y sintiendo la presencia de los Espíritus amigos que allí nos encontrábamos, le pidió que hicieran un estudio del Evangelio de Jesús, a fin de coronar con bendiciones la emoción de ese momento.

Tomaron un ejemplar de *El Evangelio según el Espiritismo*, de Allan Kardec, en la pequeña sala, y prepararon la mesita que ocupaba el centro, sobre la cual colocaron una jarra con agua y, con toda la sencillez de la vida cristiana, oraron juntos. Al abrir el libro de la verdad, se detuvieron en el tema *Obediencia y resignación*, que era portador de instrucciones sabias para edificar la felicidad relativa a la que se tiene derecho en la Tierra, con lo que renovaron su ánimo, fortalecieron su fe -equiparándola a la fe que transporta montañas-, y también el coraje para los inevitables desafíos y los pagos a los que serían sometidos.

Las opiniones de las personas amigas son como terribles armas, que se utilizan para exigir al prójimo una conducta superior, como si estuvieran vestidos con la túnica nupcial de la elevación y de la ausencia de errores.

Por eso, la lección del Maestro en relación con la mujer sorprendida en adulterio, sigue vigente y oportuna: *Quien esté libre de pecado (error y culpa) que le arroje la primera piedra.*

En el proceso evolutivo de todos nosotros, siempre registramos las equivocaciones y las fascinaciones por el error, porque estamos impregnados de los antiguos vicios que portamos de reencarnaciones pasadas.

Felices son todos aquellos que reconocen su propia vulnerabilidad, e intentan ser hoy mejores que ayer, que buscan superar las malas tendencias y, a través de los mecanismos de la austeridad y del buen proceder, se van liberando de las llagas morales portadoras de desdicha, con el coraje para ascender a las cumbres doradas de la vida, a fin de respirar el oxígeno puro del amor y la caridad.

El extenso período de la evolución antropológica, relativo al proceso del tránsito de los instintos a la razón, y de la razón al estado angelical, deja marcas profundas en los impulsos primarios dominantes, que resisten con bravura los esfuerzos orientados hacia la percepción de los sentimientos superiores.

Los denominados *santos del desierto*, del Cristianismo primitivo, trataban de huir del mundo, acallar las voces clamorosas de las pasiones internas, para que con la meditación, con la frugalidad de la alimentación, superasen las *tentaciones de la carne*, a la que azotaban con el cilicio de un modo inclemente, para exigirle sumisión. Más tarde, ante la cantidad inmensa de anacoretas que huían hacia las grutas y las regiones inhóspitas, surgieron los monasterios, verdaderas fortalezas que los liberaban de la perturbación urbana, y donde cada celda se transformaba en una caverna silenciosa...

Ignoraban, en su ingenuidad, que el cuerpo refleja los impulsos, los anhelos, los hábitos del Espíritu que habita en él, los cuales deben ser tratados con amor y compasión, además de perseverancia y austeridad. En vez de despreciar al cuerpo, se lo debe amar, preservar, conservando las resistencias morales que proceden del alma, a fin de crear los nuevos actos que se esculpirán en la intimidad del ser y que propiciarán una existencia moralmente saludable.

El *temor a Dios* que era divulgado, solo más tarde sería transformado en *amor a Dios*, el Creador, que nos concede la misericordia de su inefable cariño, y nos auxilia en la difícil y necesaria ascensión.

San Antonio, san Pablo de Tebas, san Jerónimo y, especialmente, san Francisco de Asís, percibieron esa realidad, y alternaron la severidad para con la materia -habitual en esa época-, con las sutilezas de la ternura, de la benevolencia, de la caridad, que es el amor en su más elevada expresión.

Al Espiritismo le cupo la tarea incomparable de inscribir la Caridad como la única forma de que se consiga la autoiluminación, de que se viva la existencia plena, cualquiera sea la circunstancia de la trayectoria evolutiva.

Salimos de la residencia de Iracema con entusiasmo, pues el primer intento de nuestra labor estaba siendo coronado con bendiciones.

7

PERSPICACIA DE LAS TINIEBLAS

En las zonas caracterizadas por la desventura, en la espiritualidad inferior, donde habitaban las Entidades afines con el mal, los desprestigiados jefes que ejercían su dominio percibieron el cambio que, por entonces, se estaba produciendo en la Institución y, como consecuencia, en otras sociedades espíritas.

Se trataba de un despertar, de un renacimiento producido por el comando superior de los emisarios de Jesús, con el propósito de modificar los acontecimientos lamentables que habían estado ocurriendo de modo generalizado.

Aquel período hacía rememorar los días turbulentos en los que santa Teresa de Ávila salió del convento de la Encarnación -inspirada por el Maestro- a fin de programar la gran reforma que significarían las Carmelitas descalzas, con el propósito de liberar a los monasterios de la frivolidad y la sordidez que predominaba en ellos.

Las religiosas -muchas de las cuales provenían de familias acaudaladas, nobles y distinguidas- conservaban su comportamiento profano, vulgar, porque aún les faltaba el cambio interior que se requería para el servicio de Jesús.

Los vicios de la sociedad eran preservados bajo disfraces de honradez. Mientras tanto, en el parlatorio, la maledicencia y la vida común formaban parte de la existencia monacal, pues allí trabajaban servidoras humildes para las damas ricas, que se permitían conductas reprochables -a quienes nada se les prohibía-, a consecuencia de las donaciones realizadas por las respectivas familias, en las cuales incluían sus herencias personales.

Santa Teresa permaneció enferma durante más de veinte años. Muchas veces fue considerada muerta, pero pronto retornaba a la salud física y mental. Ella recibía de su Señor las instrucciones para conservar la honorabilidad y la devoción al bien, a la humildad, al servicio de amor, a la igualdad fraternal, y decidió seguirlo con elevada fidelidad, de modo tal que consiguió sustituir el mantenimiento de la apariencia hipócrita e indigna que era admitida por la Iglesia, la cual se hallaba en un terrible proceso de decadencia moral.

Había más preocupación en acumular bienes, en ejercer un dominio mundano, que en la austeridad moral y el retorno al Evangelio, con toda su pulcritud.

Despreciada, al borde de la sospecha de herejía y amenazada por la Inquisición, santa Teresa jamás temió, y puso por escrito todo lo que le estaba ocurriendo: un ejercicio que contribuyó a que, en el futuro, llegara a ser una pionera de la elevada literatura española.

De igual manera, las sociedades espíritas -con las excepciones comprensibles, y gracias a los sacrificios y el coraje de algunos servidores del Bien- son invadidas por la futilidad, la arrogancia, la presunción y la falta de respeto a las lecciones registradas en la Codificación, a la cual se considera superada, mientras que sus servidores son tildados de ortodoxos, lo que significa que deberían ceder lugar a los extravagantes modernistas, cazadores de reputación y de exhibicionismo terrenal. Muchos de ellos, portadores de conflictos graves, como no consiguen prestigio dentro de la sociedad donde participaban, buscan en el movimiento espírita situaciones ventajosas, mediante la audacia, la agresividad y la arrogancia, en el modo de encarar la seriedad de las propuestas de Jesús.

Inspirados por Espíritus vulgares y crueles, adversarios del Bien y del progreso, dan lugar a perturbaciones en la siembra, a la vez que crean densas psicósferas, donde las luchas por el poder, por el destaque, se hacen habituales, conjuntamente con la maledicencia y la calumnia, la irresponsabilidad y el desprecio a las conductas cristianas, que guardan semejanza con las de los primeros servidores de Jesús.

Dominados, poco a poco, por las mentes perversas, los compañeros presuntuosos dejan de lado los compromisos serios con la Doctrina Espírita, y se transforman en servidores del mundo profano, como ocurrió gradualmente con el Cristianismo, después de que Constantino ascendiera al poder, en el año 313.

Comandados a distancia por seres hábiles en el manejo del pensamiento humano, así como en la manera de intervenir telepáticamente en la conducta de las personas, adoptan tesis de apariencia científica, pero que carecen de una estructura de ese tipo, y se valen de nombres pomposos para acceder a las ubicaciones edificantes, cuyas denominaciones pueden pasar por simples, pero exigen una conducta moral saludable y severa para con ellos mismo, convertidos en una amenaza para la estructura inquebrantable de la Tercera Revelación, de conformidad con lo que el Codificador y los misioneros de la primera hora recibieron de lo Alto y trasmitieron a la posteridad.

La seriedad de las reuniones -que deben tener como foco la iluminación de las conciencias mediante las enseñanzas apropiadas y estrictamente basadas en las lecciones de Jesús- cede lugar a los espectáculos de oratoria carentes de contenido, convertidos en una manifestación artística, en una lamentable imitación de los comunicadores de la televisión, transformados en expositores que se caracterizan por instalar la competición entre unos y otros, en la cual está ausente la sencillez del consuelo moral y de la certeza de la inmortalidad, a fin de enjugar las lágrimas de los *hijos del Calvario.*

El Espiritismo, pese a su modalidad investigadora -lo que lo convierte en una ciencia con su propia metodología-, es el *Consolador* prometido por Jesús para que viniera a restablecer Sus enseñanzas -que serían olvidadas-, así como a expresar verdades nuevas, que en la época del Maestro no podían ser enunciadas a consecuencia del atraso cultural; y ese calificativo quedaría para siempre asociado a Su nombre.

Surgen los campeonatos de disertaciones espíritas -en los cuales es más importante la forma que el contenido-, las teologías doctrinarias -que difícilmente pueden ser asimiladas por las personas de una cultura modesta, o cuyos corazones se hallan consumidos por el sufrimiento-, la elección de auditorios pomposos -ante los cuales los pobres se sienten cohibidos, o bien se les impide discretamente el ingreso…

Hábilmente, esos perturbadores espirituales, que conocen *las malas tendencias* que predominan en la naturaleza humana -identificadas por la Psicología Analítica, a las que esta denomina *la sombra*-, se han convertido en orientadores de muchas instituciones, que se fueron apartando del modelo -la Casa del Camino de Simón Pedro, entre Jerusalén y Jope-, o de las salas frecuentadas por Allan Kardec, cuando era invitado a explicar el Espiritismo y su finalidad liberadora de vidas...

El Espiritismo es una doctrina de cultura, de conocimiento y de educación, pero se pretende transformarla en una propuesta académica, solamente accesible a los portadores de títulos universitarios y a los defensores de querellas inútiles.

Las páginas sublimes de las enseñanzas son transformadas en cursos cuyas técnicas compiten con las de las universidades. Se suprime la espontaneidad del fenómeno, y se lo caracteriza con grados de estudios que exaltan la personalidad y dejan al margen -en el olvido- la simplicidad del amor que ayuda, que consuela, que desciende al abismo de las miserias humanas, a fin de rescatar a quienes ingresaron en él a través de caídas espectaculares.

Algunos establecen que no hay necesidad de las comunicaciones espirituales, lo que da lugar a la tesis del Espiritismo sin Espíritus, mientras que otros franquean, irresponsablemente, el acceso a personas sin condiciones morales para que participen en lamentables espectáculos presentados por la mediumnidad atormentada, en los que dichos mentores hacen del fenómeno un entretenimiento ridículo o fútil...

La necesidad de unión, a través de la unificación de los propósitos doctrinarios, es dejada al margen, a consecuencia de la presunción de sus miembros, que se consideran superiores a los demás, con un terrible olvido de la fraternidad, la caridad, la tolerancia.

Simultáneamente, se establecen criterios de autoritarismo en las Sociedades, cuando deberían ser acogedoras y auténticamente cristianas, que hicieran recordar a las antiguas catacumbas, o a los reductos de asistencia al sufrimiento de los parias espirituales de todas las épocas.

Los mentores están vigilantes, y no adhieren a la tergiversación, sino que han comenzado a comunicarse en casi todos los núcleos, con recomendaciones tendientes al renacimiento de la fe racional y fraterna, a fin de edificar la familia amorosa que tiene en Jesús a su Guía y Modelo, al mismo tiempo que aluden a los peligros que representan la proyección del *ego*, las bandas musicales presentadas como una actividad doctrinaria, las fiestas destinadas a recaudar fondos para el mantenimiento de las obras, toda vez que se adoptan los métodos lamentables de una sociedad decadente, los cuales deberían ser reformulados.

Espectáculos de mala calidad constituyen los medios de conseguir dinero para sostener las obras sociales, con omisión de la calidad moral doctrinaria, con bebidas alcohólicas, bailes y conductas de nivel inferior; y libros de contenido lamentable, promocionados como psicografías de nombres venerados -que no se corresponden con la realidad-, se entregan en donación para contribuir a la labor del Bien.

Quedaron en el olvido los principios esenciales que se preconizan, sin el dinero necesario para el auxilio a los sufridores, sin tener en cuenta que Jesús no disponía ni de una piedra para descansar su cabeza, y que Allan Kardec -al igual que otros misioneros del Bien- apenas contaba con lo necesario para una existencia honorable.

La futilidad es difundida, y la palabra médium se convierte en una aureola para personas portadoras de conocimiento, pero sin una trayectoria afín con la facultad, las cuales se hacen famosas de un momento para otro, y cuyas contribuciones se consideran oportunas, pero son triviales y reiterativas, carentes de las características de calidad recomendada por la doctrina.

La perspicacia de los Espíritus de las Tinieblas es mucho mayor de lo que se imaginan los desprevenidos, pues ellos vivieron en la Tierra, y perfeccionaron sus técnicas de hipnosis en el Más Allá, en las cavernas donde se refugian. De ese modo, rebeldes ante el Carpintero galileo, que dividió la historia de la humanidad con el amor y la compasión misericordiosa, se convirtieron, por tal o cual razón -si es que existe realmente algún motivo-, en sus enemigos insensibles y exaltados.

El Espiritismo es la Doctrina a la que Él le puso una denominación, y la instaló en la Tierra, para que esta fuera liberada de las circunstancias penosas. A pesar de eso, quienes se dicen sus adversarios se organizaron para desarticularla, ya no desde afuera hacia adentro -a través de los antiguos enemigos sociales y económicos, religiosos y prejuiciosos-, sino de una manera sutil y cruel, desde adentro hacia afuera, desde sus comunidades, que se desorganizan mediante las luchas internas, las disputas vergonzosas, las acusaciones recíprocas, los orgullos heridos.

¡Oh! ¡Hermanos de la Tierra!

¡Qué habéis hecho del manantial sublime de la fe que libera, y que Jesús os ofrece como una antorcha iluminadora, para la travesía del valle de sombras rumbo a la permanente madrugada, desbordante de inmortalidad!

Meditad acerca de las comunicaciones serias de los Espíritus felices, que os advierten, pero sobre todo, de aquellos que son sufridores, porque han fracasado en la temporada que vivieron dentro de la carne, y retornan con el alma destrozada, en busca del consuelo que le negaron al prójimo, y os hablan acerca de lo que a todos les aguarda después de la descomposición de la materia, cuando la conducta no está conforme con las pautas morales del Evangelio.

Tened ánimo, y estad atentos a vuestras responsabilidades, pues tenéis conocimiento de la vida más allá del cuerpo, y por más que se prolongue el viaje orgánico, llega un momento en que concluye, y el retorno al Gran Hogar es inevitable.

Seréis invitados a rendir cuentas acerca de cómo habéis aplicado el tiempo y el conocimiento, de cómo habéis procedido en relación con vuestro prójimo y, en consecuencia, con vosotros mismos y con vuestra conciencia, en la cual está *inscripta la Ley de Dios*, que dará lugar a la instalación de la culpa y al sufrimiento, los cuales podrían haberse evitado si hubieseis procedido de una manera diferente, de conformidad con lo que todos aprendemos con la Revelación espírita.

Vigilad las fuentes del *corazón*, de donde proceden tanto el bien como el mal, de conformidad con lo destacado por Jesús en otras palabras.

Despertad y reflexionad con más cautela, porque el vuestro es un compromiso de elevada responsabilidad, por tratarse de su carácter inmortal.

Sois Espíritus que estáis sumergidos en la materia transitoriamente, y siempre debéis tener en cuenta esa situación. No son muchos quienes dan la impresión de que vivirán en el cuerpo indefinidamente, como una excepción; tan presuntuosa es su *sombra*.

Estáis siendo vigilados por activos mensajeros de las tinieblas, pese a que os encontréis amparados por el amor del Maestro inolvidable. No obstante, la cuestión es de sintonía. Como parece más sencillo tergiversar, discrepar, ser original, disfrutar del placer inmediato del *ego*, que ser fiel, fraterno, seguir la senda de la verdad y atender a las necesidades de la renuncia, la sintonía con las entidades insanas se torna más simple e inmediata.

Jesús no nos solicitó que escalásemos montañas, que atravesáramos desiertos inhóspitos ni que nos sumergiésemos en los abismos oceánicos para servirlo. Solamente nos solicitó que nos amásemos, y que no deseáramos a nuestro hermano aquello que no anhelamos para nosotros mismos.

Es tan pequeña la parte que Él nos solicitó, que no deja de ser extraño que nos embreñemos en el matorral de las complejidades y los desafíos, para evitar atender a Su dulce y afable convocatoria.

No temáis a la muerte, ni estéis aprensivos en relación con la vida, porque una es continuación de la otra, ya que estáis sumergidos en el sublime océano de la inmortalidad.

La perspicacia de quienes vigilan a la impiedad os acompaña.

Sed los vencedores del mal, dondequiera que este trate de ocultarse: sea en los paisajes de vuestro corazón o en los encantados reservorios de la mente.

Cantad la alegría de amar y de servir a la doctrina, que os presenta la brújula para orientaros hacia el puerto de la plenitud.

Jesús conduce la barca terrenal, y la lleva con seguridad a su destino.

Después de estas reflexiones, nos reunimos en la Institución para reprogramar actividades, a fin de que diéramos continuidad a la tarea para la cual había sido creado el grupo.

8

LAS ACTIVIDADES PROSIGUEN

Nos encontrábamos en una zona encantadora, cercana a la playa, desde donde podíamos ver cómo el océano se perdía en la inmensidad, mientras yo imaginaba cuáles eran los misterios y los secretos que se hallaban sumergidos en las aguas, especialmente en las regiones más profundas, donde el hombre aún no consiguió llegar, debido a la terrible presión. ¡Cuántas maravillas están ocultas por ahora a la mirada, al entendimiento humano, que aún se encuentra en una fase primaria de descubrimientos!

Desde muy joven, durante la trayectoria terrenal, el mar siempre ejerció una especial fascinación sobre mí. No pocas veces lo observaba a una regular distancia, desde las playas de blanca arena adornadas con cocoteros que se balanceaban, y reflexionaba acerca de la influencia del magnetismo de la Luna sobre sus aguas voluminosas, sobre el equilibrio de la Ley de gravedad, anhelando comprender un poco, al menos, la grandeza del Creador.

Nuestro venerado Dr. Bezerra, al percibir las ansias comunes a todos nosotros, y captando acertadamente las reflexiones silenciosas a las que nos entregábamos, comentó:

-Hacia donde nos dirijamos, siempre encontraremos la belleza de la Creación, las señales de Dios, que no están solamente en los astros -según el relato de los Salmos- sino en todas partes, sea en el diminuto grano de arena, en la delicada florecilla, en el insecto leve y casi insignificante, como también en la gloria estelar, en las innumerables galaxias.

"En todo, y en todas partes, la divina armonía nos hace invitaciones, discretas o evidentes, para que observemos su obra infinita e insuperable, a fin de que aprendamos los comportamientos compatibles con las leyes existentes, que mantienen el orden y el equilibrio. No obstante, ya podemos captar los inmensos perjuicios que han ocasionado las ambiciones desmesuradas, por la codicia de las naciones ricas, que aspiran a mayor poder y grandeza, mediante la intervención en el sistema ecológico del planeta glorioso que nos sirve como hogar, periódicamente, en el proceso de la evolución.

"Ya es posible percibir los desequilibrios que se han ocasionado a la Naturaleza, a los seres sensibles y, especialmente, al propio ser humano. La contaminación, junto con las lluvias ácidas, ha estado destruyendo cruelmente la vida vegetal y la animal en grandes ciudades, a consecuencia de su alienante tecnología egoísta. En ellas ya casi no se puede respirar; el cáncer ataca a la infancia en especial, y a los adultos en general; son necesarios aparatos humidificadores, para los individuos aprisionados en los ambientes cerrados, que carecen casi del derecho de transitar al aire libre, asfixiante y dañino.

"La naturaleza responde siempre según se la trata y, en ese sentido, la falta de respeto a sus leyes se convierte en responsable de los disturbios que, actualmente, se presentan amenazadores. Es natural que ocurran cambios, a consecuencia de los procesos inherentes al planeta, de acuerdo con los acontecimientos normales, registrados en los períodos anteriores. En la actualidad, mientras tanto, se suman a los fenómenos naturales las agresiones provocadas por la civilización moderna, ávida de poder y de placer, que omite los correspondientes compromisos de preservación del valioso patrimonio con que está constituida.

"Afortunadamente, aunque con algún atraso, Espíritus selectos han comprendido las funestas consecuencias de los abusos que se han estado practicando, y hacen pública su protesta a través de organizaciones nacionales e internacionales respetables, para que sus voces sean escuchadas.

"No obstante, mucho hay por hacer a favor del mantenimiento de la armonía necesaria para las manifestaciones de la vida en la Tierra, desde el orden en los pensamientos hasta las conductas ético-morales, de modo que sea modificada la densidad de la psicósfera que la envuelve, portadora de *miasmas pestilentes*, de los cuales se nutren las multitudes de desventurados que han desencarnado, quienes permanecen imantados a ella, y propician complejas obsesiones, para cuya atención la sociedad no está preparada, por ignorancia de los elevados principios espirituales.

"El enfoque materialista, en el comportamiento insano, incluso en quienes se dicen vinculados a esta o aquella doctrina espiritualista, es responsable de la falta de respeto a los valores de nobleza, que deben estar vigentes en el interior de todos los seres humanos.

"Ese relevante menester se halla reservado al Espiritismo, por los conocimientos que proporciona a todos aquellos que buscan sus vertientes inagotables. Mediante la intervención del mundo espiritual en las conductas del mundo material, estas se modificarán para mejor o para peor, de acuerdo con la cualidad de la cual sean portadoras las condiciones existenciales. Como la Ley es de progreso, la victoria del Bien y su diseminación en todas partes impondrán la fraternidad, la perfecta unión con todas las cosas, de conformidad con lo que san Francisco demostró que es posible.

"Para la santificante operación de la solidaridad entre todos, en nombre del amor y de la caridad, deberemos unirnos, cada uno brindando lo que posee de mejor en sus paisajes íntimos, y de ese modo dar cumplimiento al deber de preparar la Era Nueva que anhelamos.

"Ahora, partamos."

La noche había llegado con sus miríadas de astros luminosos, y el ir y venir en la ciudad se había intensificado a la hora en que se iba en busca del hogar, después de un día de trabajo intenso.

Llegamos a la Institución que era nuestro recinto de amparo, y lo hallamos repleto de trabajadores espirituales y de necesitados, que acudían en busca del beneficio de la ilustración del entendimiento y la terapia fluídica.

Muchos de los semblantes de los encarnados mostraban la máscara del sufrimiento, del cansancio, de la irritación, de las presiones espirituales obsesivas.

Anticipadamente, los encargados espirituales del socorro se habían preparado para la atención, y personas abnegadas, levemente aureoladas por una peculiar luminosidad, se ubicaban en los respectivos lugares para los socorros inmediatos.

La sala reservada a la aplicación de pases se encontraba preservada de la invasión de los Espíritus obsesores, salvo cuando había una perfecta simbiosis entre el enfermo y su perseguidor. Los demás, de naturaleza ociosa -tanto los perturbadores como los viciosos-, eran contenidos mediante barreras vibratorias construidas específicamente.

El hermano Elvidio nos recibió con las demostraciones de su habitual afabilidad, de su gentileza, y nos condujo a la sala donde, a partir de las veinte, tendría lugar la actividad mediúmnica.

El ámbito estaba repleto; ya se habían hecho presentes los benefactores encargados de la actividad, al igual que los Espíritus que deberían comunicarse. Algunos se encontraban en camillas y eran asistidos por generosos enfermeros que los cuidaban; otros, taciturnos y deprimidos, se mostraban sumergidos en amargas reflexiones; diversos eran los que se agitaban y hacían contorsiones al evocar la desencarnación. Generosos guías atendían a unos y a otros, dispensándoles consuelo e infundiéndoles coraje para que efectuaran la renovación interior... No había, entre tanto, ningún tipo de desorden, porque todo estaba programado para que se desarrollase en el horario conveniente.

De ese modo, el recinto dedicado a las actividades mediúmnicas debe ser preservado -siempre que resulte posible- de discusiones y de anécdotas vulgares, de conversaciones fútiles y de actividades no compatibles con la Ley de Caridad, porque son talleres-hospitales de acogida a desencarnados, que están en proceso preparatorio para la atención que les significará un gran bien.

El nuevo orientador de la reunión mediúmnica, Marcelo, quien sustituía al compañero que había renunciado a la administración de la Casa, estaba profundamente emocionado. Sabía del elevado significado de una reunión de aquel género, y consideraba que no estaba suficientemente preparado, pese a lo cual confiaba en la misericordia del Señor y en la protección de los mentores espirituales.

Los médiums, los cooperadores, los pasistas y los responsables de los diálogos, se encontraban en sus puestos cuando el director -con sincera humildad- invocó la protección divina para las actividades que se iban a realizar. Fácilmente, entró en sintonía con Elvidio, y de inmediato se iluminó, mientras sus palabras de origen superior creaban una psicósfera de elevada magnitud.

Concluida la invocación, doña Marcia dio lugar a la primera comunicación psicofónica, del responsable de la actividad de desobsesión, quien explicó brevemente el programa para esa noche, teniendo en cuenta las dificultades promovidas por Espíritus perversos, de una falange enemiga de Jesús, que trabajaban en una digna Sociedad Espírita ubicada en otro de los barrios de la ciudad.

Se trataba de una lucha interna que había surgido, por inducción de esos compañeros desventurados, entre dos hermanas biológicas que dirigían la Sociedad. Una de ellas, con mayor experiencia y humildad, había asumido el compromiso de conservar la fidelidad a la Codificación Espírita, conforme con la labor de Allan Kardec. Amaba la caridad, cualesquiera fueran los aspectos desde los cuales se la considerase; estaba dedicada a la atención de los menos favorecidos por los bienes materiales, quienes encontraban en ella una imagen maternal y paciente, de auténtica cristiana. No obstante, como la Casa espírita había crecido mucho a través de los beneficios realizados a todos aquellos que se acercaban, acudieron también personas de fortuna, elegantemente vestidas, portadoras de cultura y exigentes desde el punto de vista filosófico, quienes fueron atendidas por la otra médium, más joven, la gentil Carolina...

Entusiasta, aunque menos conocedora del Espiritismo, Carolina era portadora de una palabra espontánea, que atraía a los jóvenes a raíz de sus expresiones, más concordantes con las exigencias sociales de ese momento, con la intención de demostrar que el Espiritismo no se involucra con las cuestiones éticas, especialmente aquellas que son inherentes a la conducta sexual. Lamentablemente, ella daba la impresión de que la Institución se trataba de un lugar agradable, de un club con tintes de religiosidad muy débiles, donde se podían debatir todos los temas a la luz de la psicología moderna, de las audacias sociológicas y de los compromisos morales.

Sin ninguna duda, era una persona portadora de buenos sentimientos, pero más comprometida con el mundo social que con la transparencia y la austeridad de los principios de la Doctrina Espírita.

A consecuencia de la falta de juicio, atraía a personas fútiles y cultivaba relaciones poco recomendables.

Inevitablemente, se produjeron los choques entre ambas trabajadoras. Cenira, la devota servidora de la Causa, que estudiaba el Espiritismo y lo consideraba el Consolador que Jesús había prometido, conservaba su gentileza, su bondad, el carácter digno de una verdadera cristiana.

Carolina, menos cuidadosa de los valores del espíritu, se rebelaba contra la acción de la caridad material, especialmente aquella que involucraba a los miembros de la Institución con el auxilio a los hermanos de la retaguardia, los *hijos del Calvario* que nos había recomendado el Maestro, a fin de que les diéramos asistencia.

La sopa que se distribuía entre los hambrientos, la palabra orientadora y la asistencia física, económica y mental, le ocasionaban malestar, porque prefería la convivencia superficial, irresponsable, con otros miembros que se sintonizaban con su forma de ser. Ya se había instalado prácticamente la escisión interna, cuando Cenira recurrió -mediante una fervorosa oración- al auxilio del mentor espiritual.

La reunión mediúmnica de aquel momento estaba destinada a tal servicio, aunque los miembros encarnados no lo sabían.

Con la dirección espiritual del venerado Dr. Bezerra, Astolfo -el guía espiritual de la sociedad-, que en la Tierra había sido un franciscano devoto del amor y la renuncia -por entonces encargado de la orientación de algunos compañeros antiguos que habían fracasado en el apostolado del Santo de Asís-, no ocultaba la preocupación que lo dominaba, ante el peligro de una división perniciosa entre los miembros de la Casa.

Se sumaban a esa preocupación, algunos comentarios poco dignos de la vecindad, que se manifestaba incómoda por la presencia de mendigos y afligidos, que se congregaban a las puertas del núcleo de socorro, aguardando amparo y orientación para sus existencias.

Algunos llegaron a proponer un plebiscito, para la remoción de la Institución de caridad hacia una zona alejada de las residencias lujosas. Curiosamente, no despertaba la preocupación de los moradores afortunados la invasión de la vecindad por parte de traficantes bien vestidos, que distribuían drogas ilícitas entre los niños, los jóvenes y los adultos, ni el juego vulgar del sexo destituido de pudor y de significado edificante... Esas llagas morales, que son las grandes heridas de las almas aturdidas, parecían dar mayor relieve al barrio elegante, donde prácticamente todo estaba permitido, pues sus moradores estaban por encima del bien y del mal...

Entre los mendigos y los *sin techo*, que formaban parte del grupo beneficiado por el amor y la caridad, había un hombre de mediana edad, al cual Cenira había encontrado en uno de sus recorridos por las plazas desiertas, a avanzadas horas de la noche. Desprotegido, y en estado de miseria orgánica, además de moral y económica, la bondadosa cristiana notó que se trataba de alguien que había sido profundamente herido por la experiencia de vida, y no había tenido suficiente resistencia para soportar los testimonios de la evolución.

Cuando se acercó por primera vez, él la rechazó con rudeza, pero Cenira no desistió y terminó por conquistar la simpatía de él, a quien prácticamente arrancó de debajo del puente para peatones donde se refugiaba, cubriéndose con cajas de cartón y trapos.

Comenzó a conversar con él, a demostrarle simpatía, a invitarlo para que fuese a la Institución y, como notó que poseía una buena cultura intelectual, a que escuchara las lecciones de Espiritismo.

Mediante la oración y la simpatía sincera, consiguió atraerlo a una de las disertaciones semanales y, lentamente, lo sacó de la situación embarazosa y lamentable a la que se había arrojado.

Pocos meses más tarde, se convirtió -sin habérselo propuesto- en líder del grupo de necesitados. Para entonces, había cambiado su vestimenta, se aseaba y había recuperado en parte su dignidad, a la cual había dejado de lado durante la época en que atravesó las aflicciones.

Enrique se convirtió en una persona útil, mediante el auxilio a los compañeros más desventurados, y llegó a ser el intermediario entre los directivos del Centro y los indigentes.

En una reunión que oportunamente se programó, para considerar la cuestión de la asistencia a los desamparados, él sugirió que se comprase un terreno, en un barrio próximo, menos elegante, donde se podría experimentar la acción de la caridad moral, y se dignificaran quienes estaban necesitados de apoyo. La idea fue aceptada en forma unánime, y seguidamente se nombró una comisión para atender a ese noble objetivo.

Naturalmente, los Espíritus que conspiraban contra el orden y el progreso de la Institución se rebelaron, y se hizo casi insoportable la situación entre las dos hermanas y ambos grupos litigantes, que amenazaban con dividirse.

En ese clima emocional y de interferencia de las Tinieblas, aquella reunión sería de relevante significado para el restablecimiento de la paz, y para la prosecución de la tarea tendiente a la iluminación de las conciencias.

Comenzada la reunión de desobsesión, después de una emotiva oración pronunciada por el amigo de los desafortunados, se concedió al hermano Astolfo -director de la Institución- la oportunidad de elaborar algunas reflexiones, de hacer referencia a la coacción psíquica a la que algunos de los miembros estaban sometidos por parte de los adversarios de Jesús, que tenían su domicilio en la erraticidad inferior.

Ambas hermanas y diversos directores del Centro se encontraban presentes. Especialmente invitadas, experimentaban en esa oportunidad una peculiar sensación que indicaba algo especial.

La hermana Cenira, portadora de una elevada sensibilidad mediúmnica, recibió la incorporación de un perverso agresor, que era el responsable de las dificultades que se habían multiplicado. Él había sido trasladado por nuestro equipo y, cuando percibió que estaba en una comunicación mediúmnica, vociferó con ira, pronunció amenazas, reaccionó intempestivamente.

La comunicación era perfecta, y la transfiguración de la médium resultaba total.

Con la voz enronquecida, el mensajero del desorden preguntó con arrogancia:

-¿Cómo se atreven a imponerme esta situación desagradable? Pertenezco al grupo de los nuevos dirigentes de la Institución, y merezco una consideración que no se me está dispensando.

Todos los presentes, de inmediato, se dieron cuenta de la gravedad de la comunicación y, habituados a la concentración, pronunciaron una fervorosa plegaria para interceder, sin sentimiento alguno de animosidad hacia el visitante, ni de antipatía por su presencia.

Sin precipitarse, el director espiritual de la reunión le respondió:

-Querido amigo, eres muy bienvenido a nuestra reunión, a la que has sido invitado por Jesucristo, quien es el verdadero director de nuestra Institución.

-Nada tenemos con el referido Galileo… Formo parte del grupo de quienes lo detestamos, y hace cierto tiempo nos hemos sublevado para impedir el avance de sus aberraciones, que solo han perjudicado al mundo. Ahí están las guerras, la victoria de los prejuicios de todo tipo, bajo numerosos disfraces, y el fracaso de su doctrina dominadora… ¿Dónde está el Reino de los Cielos que prometió a los desventurados, a quienes le fuesen fieles? Ingresamos en este recinto, atraídos, precisamente, por la falsedad de sus enseñanzas, que son suministradas de una forma pero experimentadas de otra. ¿Dónde está el exaltado amor, al menos, entre dos hermanas consanguíneas que se disputan la supremacía y la dominación?

-Respetamos tus reflexiones, pese a que han sido forjadas a partir de sofismas sutiles y falsos. El Galileo referido prometió el Reino de los Cielos a todo aquel que decidiera instalarlo en los paisajes íntimos del corazón, mediante su transformación moral para mejor, las modificaciones de conducta en relación con la existencia y con su prójimo. Sin duda, las guerras y la violencia ahí están… Pero son de todas las épocas, por causa de la inferioridad moral de las criaturas humanas, del predominio de sus pasiones brutales, en detrimento de los sentimientos de elevación espiritual. Además, Jesús es Pacificador, mientras aquellos que se oponen a Él son violentos y torpes, y se nutren de las emisiones mentales y físicas de aquellos otros que, en la Tierra, se les asemejan. Tú, querido amigo, eres un ejemplo de eso, como acabaste de confesar, que inspiras a las personas a detestarse, a que compitan, cuando deberían compartir...

"Las referidas hermanas no se encontrarían en una situación de belicosidad si no fuese por tu interferencia y la de otros de tu misma clase moral, por falta de reflexión y madurez espiritual. En lo infinito todo se encuentra y, lógicamente, las dificultades del momento se resolverán con facilidad.

"Nuestra hermana Carolina desea una Institución adaptada a los moldes de las frivolidades y los placeres humanos, debido a su falta de experiencia acerca de la vida, mientras que Cenira permanece fiel a los propósitos abrazados, desde el momento en que fue convocada a la fundación de esta Casa, por inspiración del hermano Astolfo. Sin duda, pese a los vínculos biológicos, proceden de un pasado espiritual diferente, en el cual se han comprometido y asumido la responsabilidad de reparación en la presente oportunidad."

-No nos importan esas divagaciones, porque estamos incluidos en un programa de lenta extinción de la actividad del Consolador, al que ustedes manifiestan representar. Vuestro Jesús está muerto, y Su doctrina padece estertores. Este es el momento de la ciencia y del poder político, económico... En todas partes, hemos intervenido para que la mentalidad humana aproveche los favores del conocimiento tecnológico con miras al placer, hasta que quede exhausta. Burlados y atormentados por los deseos irrefrenables, estimulamos a la sociedad frívola a que disfrute de todo lo que pueda, sin que le importen los principios éticos, morales, o cualesquiera otros... Gozar es la nueva orden, pero gozar hoy, porque mañana tal vez sea demasiado tarde... Y como disponemos de tiempo infinito, aguardaremos a los histriones de la ilusión cuando retornen al Gran Hogar; entonces los convertiremos en esclavos, como hicieron con nosotros en el pasado, tan sólo porque nos permitíamos tener una creencia diferente.

"Nuestra programación es amplia, y se extiende a casi todos los segmentos de la sociedad terrenal, de la cual, finalmente, también somos parte. La victoria nos pertenece, porque el tiempo de las meditaciones, de los votos de pobreza, de la renuncia, quedó en el pasado, en los tormentos de quienes huían del mundo, portadores de problemas, fingiendo que lo hacían para servir a su Maestro. El momento de disfrutar es ahora, de gozar hasta la última gota la satisfacción de los sentidos. No cederemos el menor espacio para que los villanos de las filas espíritas sobrevivan y escapen de nuestra vigilia. Estamos atentos…

Con voz serena, el noble mentor lo interrumpió, y manifestó con suavidad:

-No hay un solo ejemplo del poder de la violencia en una victoria prolongada, porque pronto la interrumpen otros violentos, más transgresores y crueles… Mientras tanto, en el Calvario resplandece el mensaje del perdón y de la caridad para con todos; perdura la lección del amor por sobre todas las calamidades que asolan la Tierra, y Jesús es quien triunfa por sobre el mundo y sus pasiones, invitándonos a que lo sigamos con ternura y abnegación.

"Imaginemos -en un vuelo hacia el absurdo- que el programa al cual te refieres triunfe aquí y allá, a consecuencia de las debilidades humanas, de las ansias de poder engañoso que la muerte diluye. Con todo, el futuro le pertenece a Dios. No hay cómo detener la marcha del progreso. Si las criaturas persisten en sus propósitos mórbidos de destrucción y anarquía, las Leyes Soberanas modifican sus mentes; los órganos de los sentidos los encarcelan en reencarnaciones limitadoras, y les propician el tiempo necesario para un cambio de actitud. Nadie escapa al paso del tiempo, ni se puede evitar el progreso."

-¡Lo que puedo afirmar es que nadie nos alejará de aquí!

-¡Qué equivocación! No deseamos apartarte, sino atraerte cada vez más, a fin de que nos conozcas y participes con nosotros de la Era Nueva de amor que se anuncia. ¿Cuántos siglos hace que, conjuntamente con otros, te debates en la oscuridad de la ignorancia, en el sentimiento de rencor contra Jesús, a consecuencia del fanatismo de algunos déspotas que se han apoderado del nombre de su doctrina y la corrompieron? Pero ellos también desencarnaron y retornaron, y se hallan en proceso de redención, como es nuestro caso personal, de un Espíritu equivocado que intenta la rehabilitación. No es la primera vez que nosotros mantenemos contacto con Jesús, pero este es el instante decisivo para nuestro cambio radical hacia el lado de Él, hacia su amor.

"No somos enemigos, hermano mío. Tenemos ideas diferentes, a consecuencia de enfoques equivocados de parte tuya. Has sido dominado por una prolongada hipnosis, y te convertiste en víctima de un inclemente enemigo de sí mismo y de la Verdad, de modo que te dejaste conducir hasta este momento por la ignorancia del Bien. Pero habrás de despertar, y entonces reconocerás el amor de Jesús y el triunfo de la ternura ante la crueldad, del sentimiento de compasión frente al odio…"

Seguidamente, el Hermano Germano Passos se acercó a la médium -que permanecía en transe profundo-, y aplicó pases para despertar mentalmente a la Entidad que se comunicaba, mientras le decía de manera monótona: *Despierta, revisa tu pasado.*

Casi de inmediato, el Espíritu se puso a llorar copiosamente, mientras volvía a ver los días que precedieron a su martirio en otras épocas, cuando había sido víctima de las persecuciones españolas a través del Santo Oficio.

Podía percibirse su aflicción, y se veían los clichés mentales que conservaba en los archivos del inconsciente, los cuales revelaban su condición de explotador de otros compañeros, el infame comercio de monedas con lucros extorsivos, la impiedad a la hora de cobrarles a aquellos que no podían pagar los préstamos absurdos. Asimismo, aparecían ante nuestra vista las actitudes de mezquindad y de injusticia que practicaban, hasta que fueron arrancados del hogar y arrojados, algunos a las llamas, y otros a las prisiones infectas…

-No existen efectos sin causas equivalentes -agregó el Dr. Bezerra-. El hermano se presenta como una víctima inocente. Víctima, sí, pero inocente, de ningún modo, pues sus paisajes mentales y morales son tenebrosos. Ahora debe dormir, y cuando despierte tendrá nuevas responsabilidades, que van a liberarlo de las densas sombras de las acciones nefastas.

El Espíritu, afligido, provocaba contorsiones a la médium, por lo que fue retirado con delicadeza y ubicado en una camilla especial, a los efectos de su traslado a un recinto adecuado en nuestra Esfera de acción.

Cuando recibió pases revitalizadores, la devota médium recuperó la lucidez.

En ese momento, Carolina se puso a llorar desconsoladamente. A través de la inspiración del hermano Astolfo, se dio cuenta del modo como había estado comportándose, convertida en una *piedra de tropiezo* en la Institución.

Revisó mentalmente la trayectoria de su existencia, y evaluó cuánto representaba para ella su hermana, desde los días en que la orfandad, por la ausencia de su madre, ya viuda, golpeó a las puertas de sus sentimientos. En aquel momento comprendió la elevada significación del Espiritismo, en su misión consoladora e iluminativa, y se puso a enunciar propósitos para cambiar su conducta. Las lágrimas, que traían alivio a su corazón, también diluían las edificaciones mentales, que eran el resultado de las frivolidades alimentadas acerca de la nueva programación espiritual.

Tuvieron lugar otras comunicaciones y, finalmente, la palabra esclarecedora del Dr. Bezerra de Menezes nos convocó a todos a la responsabilidad para con el patrimonio espiritual que Jesús nos legó, a fin de que lo conduzcamos con elevación y sacrificio.

Los Espíritus que habían sido atendidos fueron trasladados hacia los sectores específicos de nuestro ámbito y, a las veintidós, la reunión concluyó con una plegaria pronunciada por nuestra hermana Cenira.

9

SE AMPLÍA EL ÁREA DE TRABAJO

Aquella había sido una reunión especial, en la que ambas Instituciones dedicadas al Bien se unieron para afianzar los propósitos de fidelidad a Jesús, así como para desenredar los enmarañados hilos de la intolerancia y de los desplantes en relación con la pureza del Espiritismo.

La doctrina que Jesús nos ofrece se refiere a la Vida Inmortal, de modo que no se trata de un código de ética transitorio, para las comodidades y el bienestar durante la trayectoria en la carne. Tiene que ver, sobre todo, con la realidad del ser indestructible, no solo con sus desequilibrios, pues no es una nueva caja de Pandora para la solución de problemas, tal como se la utiliza debido a la ignorancia de algunos de los miembros que se vinculan a ella.

La existencia física es una bendición incomparable, mediante la cual la conciencia del Si se despierta, y favorece la comprensión de los valores que yacen adormecidos en los pliegues íntimos del ser.

Prolongada o breve, siempre es transitoria, y tiene por objetivo alertar al ser humano acerca de su realidad trascendental -especialmente ante los sufrimientos que irrumpen desde todos lados- y de la ilusión de la materia.

Cuando se llegue a conocer profundamente el significado de la revelación acerca de la inmortalidad, se modificará la conducta moral, y los objetivos esenciales de la existencia pasarán a un ámbito de mayor relevancia, porque abarcan más que el breve período carnal y se prolongan rumbo a la inmortalidad.

Enrique, por ejemplo, el hermano que cayó en el camino, que hacía recordar a la víctima del asalto narrado por Jesús en la *Parábola del buen samaritano*, a medida que despertó de la hipnosis del mal y tomó conocimiento de algunos de los principios espíritas, produjo una revolución interior digna de encomio.

Había sido, en su juventud, un abogado promisorio, con una brillante carrera, cuya repercusión social fue envidiable; pero carecía de resistencia para las reparaciones que constaban en su programa evolutivo, a consecuencia de su comportamiento soberbio en una existencia próxima pasada.

Se enredó en las trampas del sexo y del alcohol, en los círculos de la ilusión; y se apasionó por una joven inconstante y explotadora, que lo desorientó completamente después de agotar sus recursos económicos y abandonarlo cuando se le presentaron algunos síntomas de tuberculosis pulmonar.

Dado que carecía de una fe religiosa racional, que lo ayudase a comprender las vicisitudes, se sumergió más aún en el alcohol y en la drogadicción. Entonces, fue conducido por amigos piadosos a una clínica de tisiología, en la cual -al cabo de un año de padecimientos- el mal se detuvo, lo que significó la curación clínica pero no el verdadero restablecimiento de la salud.

Permitió que la pasión enfermiza lo consumiera, y descendiendo los escalones del infortunio terminó en la calle, a semejanza de otros tantos sufridores que se perdieron a sí mismos.

La bondad cristiana de Cenira lo ayudó a que se recuperara lentamente, pues le presentó un nuevo rumbo y le dio otro sentido a su existencia, mediante la cual podría encontrarse consigo mismo y hacerse acreedor de una vida armoniosa.

En ese momento, mientras estaba en una dificultosa recuperación relativa a los vicios que se había permitido, descubrió, en el arte de ayudar, el sentido psicológico para su existencia, que estaba destrozada.

Su propuesta acerca de un núcleo de socorro en un barrio modesto, ocupó los espacios de su mente; y se aproximó más aún a la Institución del amor, que le daba ocasión para recuperarse interiormente.

Las dificultades que atacaban a la Sociedad habían creado situaciones conflictivas: una red bien urdida de intrigas y maledicencias, grupos hostiles los unos hacia los otros, mientras se enseñaba la cordialidad y el amor.

A partir de la liberación del adversario espiritual, se modificarían las conductas, porque Carolina, cuando despertó a su realidad personal, comenzó a elaborar un plan de edificación moral interna, y a trabajar a favor del prójimo en cada situación que se le presentase.

Las Instituciones -cualquiera sea su dimensión- deben mantener relaciones fraternales de apoyo, a fin de ampararse en los momentos difíciles, siempre preocupadas en hacer lo mejor, según las enseñanzas del Maestro, sin las lamentables competencias que son muy del agrado del *ego* enfermizo de quienes las constituyen.

Mientras los benefactores se mostraban satisfechos ante los primeros resultados promisorios, las criaturas experimentaban cambios significativos en la emoción y en el placer de estar juntas al servicio del Bien.

Hacía cierto tiempo que una venerada Sociedad Espírita, con una digna foja de servicios al Señor y a la humanidad, estaba sufriendo el asedio de enemigos ignorantes de la Verdad. Inspiradas por ellos, lentamente se infiltraron en sus filas personas inescrupulosas y de buena apariencia, locuaces y de proyección social, con propósitos exhibicionistas de poder y de grandeza, pues observaban el inmenso patrimonio material que la ubicaba en una muy buena posición entre las demás, sus correligionarias.

Con un excelente programa de divulgación doctrinaria, se produjo en ella un importante progreso social, y comenzó a disfrutar de respeto y consideración en la comunidad donde estaba instalada.

De ese modo, es lógico que el árbol voluminoso haga mucho ruido al caer, mientras que, a medida que crece, el fenómeno se produce en silencio.

Sitiada por adversarios desencarnados del Cristo, comenzaron a surgir las disputas mezquinas por los cargos, que permitían la proyección personal, y se formaron grupos antagónicos, aunque conservaban la apariencia de simpatía para encubrir los sentimientos.

Sus actividades mediúmnicas, pese a los cuidados de los mentores espirituales, comenzaron a presentar excentricidades, tales como la adopción de teorías absurdas, falsamente rotuladas como científicas -aunque carecían de una estructura de tal naturaleza-, lo que derivó en que decayera la atención a los sufridores desencarnados, porque esas tareas fueron rotuladas como *experiencias del pasado, que ya han sido superadas*. Simultáneamente -como siempre ocurre- surgió un grupo, aparentemente intelectualizado, para combatir los denominados servicios de desobsesión, a los que convirtieron en programas psicoterapéuticos, al punto de sustituir, a los efectos de un lenguaje técnico, los demonios referidos en el Evangelio por los *conflictos*, que supuestamente serían los auténticos demonios que afligen a las personas.

El desfile de las vanidades, en continuo crecimiento, prácticamente expulsó a los Espíritus nobles de la Sociedad Espírita, que se convirtió -paradójicamente- en una agrupación de espíritas sin Espíritus.

En esa creciente presunción de elevado desenvolvimiento, surgieron los descontentos con los administradores fieles, que deseaban preservar el patrimonio que se les había confiado, y seguidamente las calumnias y las disputas se encargaron de la tarea interna de destrucción, como si fueran termitas que hubieran invadido la buena madera, sin que fueran percibidas, conservando la apariencia brillante, cuando el interior estaba en descomposición.

En el pasado, los desafíos a los espíritas procedían del mundo exterior, y eran fácilmente percibidos e incluso superados. En la actualidad, sin embargo, la crueldad de la persecución es de naturaleza interna, en la intimidad de las propias Instituciones, por falta de vigilancia de algunos de los adeptos, que no permiten que el conocimiento verdadero de la doctrina penetre en ellos.

Se suman a esa fragilidad moral las perturbaciones provocadas por los *enemigos invisibles*, que se complacen en generar conflictos, sobre todo aplicando sus esfuerzos a las imperfecciones morales de quienes se convierten en sus víctimas.

El Espiritismo es una doctrina eminentemente cristiana, basada en los postulados enunciados por el Maestro Jesús, cuyos adeptos deben mantenerse vigilantes, a fin de que los pruritos de la vanidad, de la presunción y del orgullo, no los dominen. Toda edificación cuya base sea deficiente, estará siempre amenazada de ruina. Por consiguiente, es preciso considerar las labores espirituales que deberán regir las conciencias humanas en el porvenir, edificadas sobre la lealtad de principios y de conducta, cuyos miembros estén profundamente vinculados a la oración, a la vivencia de los pensamientos saludables, sin dejar espacio mental para la futilidad ni para las crueldades de esta aflictiva etapa.

La Sociedad Espírita es el conjunto de los miembros que la constituyen, no la apariencia material, ni su estructura física, sino las tareas iluminativas que en ella se realizan, la paciencia y la compasión hacia los desorientados que van en busca de ella, donde vibre la lección sin igual de la caridad, que debe siempre practicarse conforme con las circunstancias y el momento, y jamás postergada con justificaciones relativas a la organización, porque cuando es muy discutido, el socorro de emergencia llega con retraso.

Es indispensable que los espíritas tomen conciencia de que el Evangelio es mucho más que uno de los bellos libros de los cuales tiene conocimiento la humanidad: es un tratado inherente a la conducta, y un tesoro para aplicarlo en todo momento de la existencia humana.

Aquella misma madrugada, a continuación de las actividades de amparo a la digna Casa del hermano Astolfo, nuestro grupo se dirigió hacia la entidad que padecía la opresión de las Tinieblas, la cual se encontraba librando verdaderas batallas, en las cuales el odio alteraba las relaciones que habían sido amistosas, y la violencia de las pasiones había descendido hasta un nivel insoportable.

En vez de que los problemas fueran estudiados en conjunto, fraternalmente, como lo recomienda el deber cristiano, llegaban a las páginas de los periódicos, con escandalosas acusaciones de estafa, de abusos de poder, de patrocinantes, de desvíos de fondos, deteriorando ante la opinión pública la labor de muchas décadas de abnegación y lucha. También recibían amenazas de juicios, de parte de algunos de sus directores, con intervención judicial e incluso policial.

La situación se hacía insostenible. De nada valían las advertencias de los guías espirituales, que padecían la ingratitud de sus pupilos, y también eran acusados de mistificadores al servicio de los compañeros denominados corruptos, cuando no consentían sus conductas perversas.

El escándalo siempre encuentra resonancia en las mentes ociosas, y los conflictos personales, en esos momentos, se convierten en armas para acusaciones y venganzas imprevisibles.

Cuando se llega a ese estado de ánimo, es casi inútil algún intento de reconciliación, porque cada oponente se oculta en el bastión tenebroso de su interés, y se evade emocionalmente de la realidad, para sintonizar con los lamentables objetivos que en ese momento cultiva.

No obstante, las tareas edificantes que allí se habían llevado a cabo, a lo largo de los años, consiguieron que la Institución atrajera una considerable cantidad de Espíritus agradecidos, que velaban por su progreso, luchaban por la preservación de su patrimonio moral y espiritual, y persistían en la labor del compromiso cristiano iluminativo.

Esos beneficiarios, amparados desde niños en el momento apropiado, enfermos y desvalidos del pasado, necesitados del presente y trabajadores amorosos, eran quienes constituían la muralla de resistencia al mal, pese a que padecían una incontenible agresividad de todos lados. De todos modos, permanecían fieles a la obra de caridad y de liberación de la conciencia.

La Institución, por su reputación, abundante en méritos, estaba inscripta en *el libro del Reino de los Cielos*, por su obra de edificación del amor y de la verdad en la Tierra.

Sus fundadores y antiguos colaboradores -ya desencarnados-, aunque lamentaban profundamente la situación de la que muchos no se daban cuenta -que respondía a la intervención de las fuerzas de las Tinieblas, las cuales habían intentado enfrentar al propio Maestro, y que ahora procedían con maldad-, trataban de preservar el clima psíquico de armonía entre quienes permanecían fieles al programa del amor, al mismo tiempo que los fortalecían, a fin de que permaneciesen en silencio, sin defensas que no estuvieran justificadas, como las de Jesús en el pretorio, porque la verdad no necesita palabras y siempre triunfa.

En esa amalgama de sentimientos diversos, de amor y de gratitud, se reunieron y rogaron al Señor de la Vida su intervención personal, a fin de que los perjuicios ya ocasionados no desanimaran a los luchadores fieles, y la obra pudiera superar la tempestad voluptuosa.

Como consecuencia de ello, nuestro grupo de acción se trasladó hacia la sede de la venerable Sociedad, a fin de que se tomaran providencias más efectivas, con el propósito de modificar el panorama, dañoso y amenazador.

Los mentores de la Sociedad habían programado un encuentro espiritual entre las dos partes en disidencia, con la intención de aliviar la gravedad de la situación, al demostrarles que existía la intervención de las Tinieblas en el delicado proceso de agresividad.

Cooperadores de las primeras horas, que trabajaban activamente de nuestro lado, fueron invitados junto con especialistas en desobsesión, que desde mucho tiempo antes prestaban apoyo a las tareas que se realizaban en la Institución, además de devotos médiums y participantes, fieles a los postulados de unión y entendimiento, que también habían sido convocados a la magna reunión que, en lo inmediato, iba a tener lugar.

Cuando llegamos al edificio, lo encontramos envuelto en densas vibraciones negativas, aunque alguna que otra vez brillaban relámpagos, cuya finalidad era diluir las construcciones deletéreas que se habían acumulado en los últimos meses.

Entidades de baja condición moral rodeaban el lugar, o se colocaban codo a codo, con curiosidad algunas de ellas, burlonas otras, y pronunciaban acusaciones degradantes contra los servidores que permanecían dedicados a sus deberes.

Asimismo, Espíritus generosos, que participaban de los compromisos iluminativos, ingresaban y se dirigían hacia las actividades a las cuales se vinculaban, pese a la avanzada hora de la madrugada, de modo que atendían a los más necesitados, quienes habían sido sorprendidos por las circunstancias penosas de la existencia.

Fuimos recibidos, en la puerta de entrada de la Institución, por su fundador y por su noble dirigente espiritual, que se destacaba por la belleza y la tranquilidad que reflejaba en el rostro, fruto de su perfecta comunión con las esferas más elevadas.

Algunos de los invitados reencarnados ya se encontraban en el recinto dedicado a las conferencias, en una de las salas más pequeñas, mientras que los directores y los disidentes eran conducidos a los lugares reservados con anticipación.

A las dos de la madrugada, en el recinto repleto se respiraba un clima de expectativa, pese a las expresiones de desagrado de algunos de los compañeros, que volvían a encontrarse con aquellos contra los cuales se habían revelado, dominados por trastornos graves.

No pude evitar la reflexión acerca de que todos éramos hermanos que compartíamos los mismos ideales cristianos, algunos de los cuales se presentaban como enemigos entrañables, que se combatían con cierta ferocidad, llegando al extremo de que tal comportamiento amenazara los cimientos espíritas de esa digna Sociedad.

Recordé, entonces, cuán frágiles somos y cómo nos dejamos intoxicar por las emanaciones mórbidas de las Tinieblas, evocando la escena de la Jerusalén transformada, muy diferente del día en que el Hijo del Hombre había ingresado en ella montado en un jumento -sin portar armas de triunfo, y sin ambición guerrera-, como el pacificador por excelencia. Recordé al pueblo sencillo, que lo saludaba con tono festivo, levantando palmas y arrojándole flores, para luego pasar a la escena nefasta del juicio en el pretorio... Incluso Pilatos, pusilánime e insensato, perverso e inhumano, no veía en Él culpa alguna y deseaba liberarlo, mientras la misma multitud, estimulada por los perversos representantes del Sanedrín y dominada por los Espíritus del Mal, pedía su crucifixión, aunque todos sabían que Él era justo y bueno.

Los enemigos desencarnados constituyen una pesada carga psíquica sobre la humanidad física, porque las almas despojadas del organismo fisiológico aún están aprisionadas por las pasiones inferiores, en vanos intentos de lucha contra las Soberanas Leyes de la Vida.

De alguna forma, representan el mito de Lucifer, que por rebelarse contra Dios fue expulsado del Paraíso hacia los suplicios infernales.

Al desencarnar, sometidos al peso del fardo del odio y de los deseos de venganza contra sus hermanos, se reúnen en bandos y en *ciudades* donde se suponen libres de la intervención divina, de modo que luchan con ferocidad contra el amor y la solidaridad, esos hermosos comportamientos saludables, promotores de la felicidad terrenal, siempre relativa.

Dado que ven en los espíritas a los discípulos de Jesús, actualmente dedicados a la instalación del Reino de los Cielos entre las criaturas humanas, los consideran adversarios, y por eso embisten contra sus compromisos de fidelidad al Bien. Recurren, sin duda, a las Leyes de Causa y Efecto, y aprovechan las brechas morales para conectarse, con lo que dan comienzo a los lamentables procesos de obsesión. No solo contra los discípulos de la Tercera Revelación, como es obvio, sino contra todos aquellos que se empeñan en el Bien. Portadores de una considerable crueldad, algunos de éllos; y otros, equivocados debido a la inducción de una hipnosis profunda, suponen -entre irresponsables y alucinados- que podrán incrementar el caos moral en el planeta, mientras se satisfacen con los terribles fenómenos de vampirismo y de obsesiones incalificables. No pocos males, que perjudican a la sociedad, tienen sus orígenes en la erraticidad inferior, donde esos Espíritus pululan en alianzas mórbidas con sus arrogantes y prepotentes jefes, que tienen la osadía de ignorar a la Divinidad.

En este momento, cuando se produce la gran transformación del mundo de sufrimientos, en el sentido de mejores condiciones espirituales y morales, refuerzan sus propósitos maléficos, porque han percibido que la luz del Calvario es una vía para la liberación.

Naturalmente, las Instituciones que constituyen un refugio para los servidores de la verdad de todos los matices, como seres humanos aún imperfectos que son, se convierten en víctimas de sus sugerencias destructivas, porque esas entidades se valen de las llagas derivadas del egoísmo y del orgullo, que aún predominan en la naturaleza humana.

Había llegado la época de las elecciones reglamentarias, para la administración de la emérita Institución.

Lentamente dieron comienzo los propósitos perversos, en silencio, a través de la urdimbre de la maledicencia disimulada con lamentos, con censuras veladas o expresadas con claridad, que adquirían volumen a medida que las acusaciones -fueran legítimas o no- tomaban forma y avanzaban rumbo al escándalo. Olvidaron, los buenos y laboriosos amigos, que el escándalo que es necesario se producirá, pero que se debe tener mucho cuidado a fin de no convertirse en su detonante. Nada pasa desapercibido para el Divino Administrador, que dispone de recursos inimaginables para imponer la disciplina sobre la rebeldía, corregir errores, trasmitir advertencias y orientaciones a todos aquellos que se equivocan. No se trata de cobardía moral ni de anuencia con las irregularidades, sino de confianza irrestricta en Dios, haciendo siempre lo mejor que esté al alcance, quitando la *viga* del propio ojo, y olvidándose de la *paja* en el ojo ajeno.

Los impulsos del *ego*, los estímulos a favor de lamentables competiciones, las rebeldías encubiertas, disimuladas por las disensiones y los rencores estimulados, irrumpen en forma de defensa del Bien, mientras dan lugar a las interferencias realmente lamentables, que destruyen, en todas las épocas, las edificaciones planificadas en el Más Allá.

En los comienzos del Cristianismo naciente, las herejías adquirieron una dimensión tal, que destruyeron las bases del amor que debía imperar entre los discípulos de Jesús, lo que dio lugar a sínodos, concilios y extravagantes reuniones de carácter político y económico, con absoluto olvido de la bondad y de la fraternidad, según lo enseñado y ejemplificado por Jesús.

Simultáneamente, las persecuciones del Imperio Romano se intensificaron, pero en lugar de anular o disminuir el fervor de los mártires, le aportaron vitalidad, para que se perpetuara el mensaje en forma de renuncia, abnegación y sacrificio. Mientras tanto, las divisiones, hijas del orgullo y de la presunción de algunos teólogos, que pasaron a la Historia como *padres de la Iglesia*, la dividieron en pequeños grupos de discípulos discrepantes, que fueron excomulgados algunos, bendecidos otros, lejos de la humildad del Hombre de Nazaret, que puso al amor por encima de toda y cualquier circunstancia o acontecimiento.

En la actualidad, los mayores desafíos y testimonios ya no están fuera de las fronteras de los Núcleos de iluminación, sino dentro de ellas -lo reiteramos-, debido a que se ha dejado en el olvido la simplicidad, la pobreza, la ternura entre todos, la abnegación junto a los *hijos del Calvario*, que están siendo sustituidos por los poderosos del mundo, equivocados ellos mismos y contribuyendo a que se equivoquen sus amigos.

Por lo tanto, el terreno es favorable para las disensiones, porque cada individuo tiene derecho a criticar, a imponer sus ideas y sus opiniones -que no siempre son correctas- de transformación lenta pero segura, de modificación del Granero de luz en un club para la frivolidad, en una clínica a favor de diversas terapias sin el apoyo evangélico, en un lugar de disputas por proyección y destaque, de rudeza en el trato, de autopromoción, todo lo cual no es más que devaneos que se descomponen con los despojos materiales, después de la muerte física.

Cuando, pues, se hable acerca de las obsesiones y las persecuciones espirituales de nivel inferior, téngase el cuidado de tratar de descubrir las fuentes de donde proceden, las circunstancias en que se producen, los *tomacorrientes* para la conexión de los *enchufes*, identificando la faja vibratoria en la cual se hallan sus *antenas*...

Siempre es muy sencillo diagnosticar el mal en los otros, señalar a aquellos que se extravían y se encuentran en procesos perturbadores, carentes de valores morales para prestar ayuda sin incurrir en la censura, para contribuir en favor de su recuperación, teniendo en cuenta que el grupo es importante y que, en una cadena, cuando un eslabón se debilita, toda la seguridad está en riesgo.

Se había instalado una terrible perturbación en la Casa de amor, sometida entonces a los golpes de pico que significaban los rencores y la censura incesante, las enemistades que habían sustituido a los antiguos afectos, constituyendo una amenaza para las respetables edificaciones, que se habían realizado mediante el sacrificio de mujeres y hombres abnegados, tanto del pasado como del presente.

Aquella madrugada, por consiguiente, en la reunión preparada adrede, se encontraban los litigantes encarnados -que habían sido trasladados por los mentores-, sus víctimas y también sus verdugos desencarnados, que las comandaban a distancia, espiritualmente.

El ambiente trasmitía vibraciones diversas. Algunos de los invitados, cuando despertaron y notaron la presencia de aquellos a quienes acusaban, no podían ocultar los sentimientos de antipatía y disgusto, mientras que otros, conmovidos, dándose cuenta de lo que sucedía, se dejaban dominar por la oración y la súplica a Dios para su propio bien, así como del conjunto.

Preparado el ambiente, luego de las explicaciones del venerado *médico de los pobres*, una diáfana claridad de un tono azul claro se presentó en el recinto, y escuchamos una delicada melodía de efectos terapéuticos, a semejanza de un bálsamo aplicado sobre una superficie ardiente y dolorosa.

En ese momento, vimos que entraba un mártir del Cristianismo primitivo, acompañado por iluminados benefactores, que habían conseguido transformar el ambiente con su presencia, diluyendo las construcciones mentales de antipatía y las vibraciones de malestar, para generar un clima armonioso y esperanzado.

Los médiums de la Institución, que habían sido invitados, se hallaban en torno de la mesa de actividades espirituales, como ocurre a diario en las Casas Espíritas para el bendito menester del socorro.

El visitante especial se acercó al director de la tarea, nuestro hermano Augusto, lo inspiró para que se pusiera de pie, y con voz armoniosa imploró la protección del Maestro inolvidable para las tareas que iban a realizarse.

Su dulce voz evocaba los días del martirio, cuando la fidelidad de los discípulos era superior, y su abnegación, acompañada por la muerte, iluminaba las noches terribles de los espectáculos circenses, en loor al Sublime Crucificado.

Pétalos de luz diáfana descendían sobre todos nosotros, a modo de respuesta de los Cielos esplendorosos a las súplicas, angustiosas, de los nuevos discípulos de Jesús.

10

ENCUENTRO CON LA VERDAD

Apaciguados por la sublime vibración de la plegaria impregnada de amor y de inmensa ternura, escuchamos un tumulto: se trataba de voces que sostenían un altercado en una lengua oriental. Entonces, repentinamente, ingresaron diversos Espíritus con los rostros congestionados, entre los cuales se destacaba uno que no disimulaba la ira ni la presunción, acompañado por una verdadera corte de aduladores, de muy bajo nivel moral.

Aparentemente constituían una horda de vándalos, semejantes a aquellos que en varias ocasiones habían llevado la destrucción a Europa, en el pasado, quienes habían repetido tal acción en otras diferentes ocasiones, dejando por donde pasaron -despiadados- las señales de una terrible violencia.

Los componentes de la reunión se encontraban concentrados en una silenciosa plegaria, mientras que nuestro grupo, al igual que los directores de la tarea, tanto como el venerable invitado, conservamos la serenidad conveniente para el debate, que parecía inevitable.

Los médiums irradiaban una delicada claridad, fruto de la concentración y de los valores morales que los caracterizaban. La hermana Vicenza era la que exteriorizaba más intensas vibraciones, que fueron envolviendo al irritado visitante, y lo atrajeron para que se manifestara a través de la psicofonía atormentada.

Inducido al fenómeno -mientras sus correligionarios eran atendidos con bondad y destreza por los trabajadores espirituales encargados de preservar la psicósfera saludable-, el Espíritu, a partir de la imantación periespiritual, se incorporó en la médium con una actitud agresiva y grosera, y pronunció algunas palabras en su idioma, mientras se persignaba -o hacía algo parecido- para pasar luego a la agresividad.

Pudimos percibir que el cerebro de la médium, en el centro de Broca, adquiría una luminosidad característica, y la comunicación continuó en lengua portuguesa. Comprendí que el Espíritu empleaba su propio lenguaje, que era decodificado automáticamente, en un fenómeno rico en belleza, dado que la comunicación siempre es mental.

-Esta comunidad ahora me pertenece. Ya no es del Cordero crucificado, al que se vinculó en sus comienzos. Razones importantes de justicia y de poder han hecho que se nos confiara por completo. Inútiles fueron los reclamos ante Aquel que no se defendió a sí mismo, ni se salvó, dejando abandonados a los amigos… Ahora forma parte de nuestra madriguera, donde nos reunimos con el propósito de apoderarnos completamente de ella, no sin haber destruido la falsa imagen que ostentaba.

"A partir de que el Profeta comenzó a predicar la doctrina de la Verdad, el mundo está sediento de la seguridad que esta puede ofrecerle, en el nombre de Alá. Mahoma fue el último y el más perfecto mensajero del Dios de Abraham, de Isaac y de Jacob, a quien veneramos e implantaremos en el mundo moderno, cualquiera sea el tributo que tengamos que ofrecer.

"No nos oponíamos al mensaje de vuestro Jesús, ni al de Moisés, pero a partir de las luchas que debimos librar en la Meca y en Medina, comprendimos la necesidad de combatir al demonio, cualquiera fuera el disfraz que adoptara para apoderarse de gran parte del mundo.

"Ante la rebeldía de las masas indolentes, y el entorpecimiento de las enseñanzas de la verdad, que el Profeta había venido a restablecer por orden del ángel Gabriel, en el nombre de Dios, ha sido necesario emplear la espada para implantar el Corán y sus sagradas leyes.

"¿Será posible que aún no hayáis visto la luz que proviene de un amanecer bañado de sangre, necesario para edificar el mundo nuevo?

"Sois nuestros adversarios, desde los comienzos de la implantación del postrer mensaje que se difundió en Irán y en otros países, hasta llegar a la península ibérica, donde fuimos maldecidos con guerras de exterminio e impiedad, como también sucedió en otras partes, lo cual nos convirtió, finalmente, en enemigos vuestros.

"Hoy contamos con la ayuda lúcida y poderosa de organizaciones espirituales judías, que se nos unen para derrotar al falso Mesías.

"En la península ibérica, los *Reyes Católicos*, Fernando e Isabel, con la victoria en Córdoba y en Granada (1492), exigían nuestra rendición moral y espiritual, es decir, la adhesión al Cristianismo; y cruelmente empujados hacia Portugal, al exilio, hemos sido víctimas de las más terribles maldades que puedan ser imaginadas.

"A continuación, la ignominiosa batalla de Lepanto, en 1571, durante el reinado del papa Pío V, expulsó a los moros de Europa mediante reiteradas embestidas, que generaron el odio de los discípulos del Carpintero, en contra nuestra, e hirieron de muerte al alma de los fieles a Alá y a su Profeta Mahoma.

"Agotados por los sufrimientos, decidimos reaccionar, especialmente despés del Holocausto -cuando los cristianos asesinaron a los judíos con crueldad y cobardía-, reuniendo nuestras huestes para luchar con todos los instrumentos de combate posibles.

"Yo soy *mulán*, un doctor canónico del Islam, con elevada responsabilidad y con el magno deber de defender nuestro rebaño, que un día no muy lejano se apoderará de la Tierra. Se trata de una fatalidad histórica, con origen divino. La Tierra será el reinado del Islam y la *Sharia* será la única ley del planeta, con plena obediencia a los sagrados postulados del Corán."

Con arrogancia, el Espíritu hizo una pausa, proporcionando al hermano Macario la oportunidad de responderle con un inolvidable tono de voz, que contrastaba intensamente con aquella irrespetuosidad.

-¡Sé bienvenido, *hermano*! -lo saludó el emérito misionero del Bien.

"Como vosotros os tratáis los unos a los otros empleando la palabra *hermano*, y porque nosotros también pertenecemos al ejército del amor, del cual nos habla Mahoma cuando predica con respecto a la fraternidad, a la misericordia y a la compasión para con todos -incluso en relación con los enemigos-, te consideramos un hermano nuestro."

El magnetismo que se desprendía del mensajero del Cielo comenzó a impregnar al irritado visitante, que quedó inhibido de pronunciar una respuesta grosera.

-Todos lamentamos profundamente los errores que hemos cometido, tanto quienes seguimos a Jesús como vosotros, que impusisteis la doctrina del Islam en Arabia, mediante un singular derramamiento de sangre. ¿Cómo se puede imponer la fe espiritual mediante la destrucción de vidas valiosas en la Tierra? ¿Cómo culpar a la ignorancia porque no conoce la verdad, utilizando los métodos de los bárbaros, cuando se debería recurrir a la misericordia y a la iluminación?

"Acabas de referirte a las guerras violentas que han sido libradas contra todos vosotros, sin reconocer que eran la consecuencia de las invasiones insensatas que vosotros mismos habíais realizado con anterioridad, a territorios que no os pertenecían. Ningún pueblo, por más primitivo que sea, acepta la servidumbre, la sumisión al invasor, que le impone sus hábitos y costumbres, y lo agota hasta que llegue a la carencia de todos los recursos.

"El gran error de los cristianos se hizo evidente con la adhesión al Imperio Romano, a través de Constantino y de sus pasiones serviles, quien recurrió a las armas destructivas para imponerse. Se olvidaron de que Jesús había dicho que *tenía otras ovejas que no eran de aquel rebaño*, en alusión a los gentiles, sin ninguna duda, además de los judíos. El orgullo, sin embargo, ese cáncer que devora al ser humano, tuvo preponderancia, y la locura por el lujo ostentoso y por el destaque en la administración indujo a sus adeptos a los más alucinados comportamientos.

"Todos somos hijos del Dios Único, y poco importa el nombre que se le asigne. Periódicamente han venido profetas a la Tierra, a fin de anunciarlo, desde los comienzos de la civilización oriental, y poco a poco lo develaron, según el nivel evolutivo en que se encontraba el planeta. Lo hicieron a partir de la adoración a las fuerzas vivas de la Naturaleza, de la idolatría en todos sus aspectos extravagantes, pasando por las revelaciones apasionadas a través de mujeres y hombres frustrados y violentos, que proclamaban poseerlo y se entregaban a las matanzas, hijas de la insania mental, que dejaron las huellas de la maldad en nombre del bien, y de la imposición en lugar de la exposición.

"El mundo espiritual nunca dejó de comunicarse con el mundo físico, y mantuvo seguras informaciones acerca de la vida después de la muerte; y hasta hoy prosigue, sin que haya un auténtico cambio.

"La inferioridad moral de los religiosos de todos los matices continúa imponiéndose con crueldad, vergonzosamente, asesinando en horribles espectáculos de fanatismo, sin omitir a los ancianos, a los enfermos, a los niños, pues esos criminales se hallan dominados por Espíritus no menos crueles, que los explotan psíquicamente, nutriéndose de la energía de sus víctimas destrozadas.

"Esta Institución, pese al respeto que tú nos mereces, apreciado visitante, continúa perteneciendo a Jesús y no a vosotros, como tampoco a ningún otro agresor que pueda ejercer su dominio en un determinado momento.

"Jesús reina, y su poder de amor supera a toda capacidad humana de entendimiento. Los dos mil años que lo separan de la actualidad no han modificado de modo alguno la donación de su vida, que constituye nuestra vía redentora.

"Respetamos todas las creencias y conductas, porque cada uno es responsable de sus propios actos y, por otro lado, no nos cabe imponer nuestros principios. Por lo tanto, tenemos derecho a rechazar, con los instrumentos de la fe y de la paz, todo aquello que nos parezca una amenaza."

El desventurado *mulán*, que echaba espuma a través de la médium, cuyo rostro estaba transformado en una verdadera máscara, consiguió sobreponerse a las fuerzas que lo mantenían paralizado, y exclamó:

-No hace mucho, cuando adoptamos la decisión de acabar con el Cristianismo, consideramos que muchas de las denominaciones religiosas que lo mantienen son extravagantes y carecen de reservas morales para sobrevivir por ellas mismas, de modo que se hallan amenazadas de autoextinción. Pero los infieles de la Tercera Revelación, deseosos de mantener en la Tierra la ficción del reino de la fraternidad, han despertado nuestra atención, razón por la cual comenzamos a visitarlos, comprobando cuán débiles y feroces son también. Al cabo de algunos debates, hemos resuelto vengarnos de los sufrimientos que se nos infligieron, y que aún nos impone la denominada Civilización Occidental, decadente, de modo que pasamos a atacarlos con miras al debilitamiento de sus filas, a la desmoralización de sus postulados, a través de sus propios adeptos.

"Somos enemigos irrecuperables; y aquí estoy, atraído por la necesidad de defender a nuestros colaboradores, que se han infiltrado en esta Institución, al igual que en otras que se hallan en plena decadencia. El período de glorias y de entusiasmo de las primeras horas ha pasado, y queda ahora la rutina, en actividades de poca importancia, y en conductas tan chocantes como las de quienes han perdido el rumbo.

"Nos hemos aficionado al escándalo, a las acusaciones graves e infamantes, para desenmascarar a esa calaña de aprovechadores astutos, que transitoriamente ocupa el poder en el Movimiento Espírita.

"Por cierto, algunos de vosotros sois conocidos nuestros, y habéis estado en aquellos días de turbulencia y de criminalidad, levantando la daga contra nosotros, diezmándonos, mientras disfrutabais de nuestros bienes, con vuestra sed de gloria y placer.

"Poco habéis cambiado en estos siglos; conserváis la máscara de la bondad, de la voz suave, pero con el pensamiento pervertido, la conducta moral pobre y la fe claudicante. Creéis cuando todo está bien, pero no tenéis resistencia ante los testimonios, ni perseverancia ante los inevitables fenómenos de la evolución."

-Tienes algo de razón -agregó el benefactor-, porque aún somos Espíritus imperfectos, que luchamos contra las malas tendencias, en intentos -no siempre exitosos- de realizar lo mejor. Con todo, vale considerar que el Maestro continúa velando por su rebaño, y que apóstoles de la caridad, mártires de la abnegación, están reencarnando en las filas del Espiritismo a fin de conservar la pulcritud de sus postulados. Dentro de la vestimenta carnal, pueden equivocarse, pero rehacen el camino en busca de la luz que resplandece en el Calvario, despojados de los oropeles del mundo y de la fascinación del poder ilusorio de la Tierra.

"Como bien sabes, actualmente están reencarnados -en una última experiencia- los vergonzantes verdugos de la humanidad del pasado, junto con sus tribus sanguinarias, a las cuales utilizáis para convertir a la Tierra en un caos, donde las obsesiones agotarán a los sobrevivientes de las luchas indescriptibles. Aun cuando disfrutéis de algún éxito relativo, la marcha del progreso está orientada hacia la plenitud, y el Señor de la Vida -que a todos nos ama-, cuando no correspondamos a Su expectativa, nos invitará al avance mediante crueles expiaciones, que nos liberarán de las armaduras del odio, del primitivismo, del desvarío, como ha estado ocurriendo en estos días, en que vivimos…"

-En esa enmarañada verborragia -respondió el *mulán*- has dejado traslucir que seremos derrotados en nuestro programa de edificación de un mundo diferente, y que cederemos en nuestros propósitos. ¡Es muy audaz la pretensión de someterme a tus caprichos, pues sé que solamente existe un Dios, que es Alá, cuyo Profeta es Mahoma!

"Cuando la mujer sea azotada tanto como merece, por su falta de pudor, y los hombres sean castigados por las iniquidades a las que se entregan, el mundo islámico conocerá la estabilidad, y la felicidad de todos estará garantizada para siempre."

-Hermano, te equivocas cuando dices *para siempre*, porque este es un mundo transitorio, donde estamos en un proceso de aprendizaje, a fin de que retornemos al mundo de origen, donde -en efecto- la felicidad aguarda a los justos y a los laboriosos, a aquellos que han amado y auxiliado a sus hermanos en la Tierra. La reencarnación a todos nos conduce a través de las épocas; nos provee la envoltura de carne y nos despoja de ella, al mismo tiempo que edificamos el Reino de los Cielos en nuestro propio corazón, ese Reino que, efectivamente, es indestructible.

-Yo ejerzo el poder sobre estos insensatos y pusilánimes que nos escuchan, porque estamos en perfecta alianza emocional y espiritual. La conducta a la que se han entregado nos ha abierto la brecha que necesitamos para la invasión de su territorio, y ahora somos nosotros quienes mandamos. Esto es apenas el comienzo de la tragedia…

-Estás equivocado, hermano. Confundes la necesidad de evolucionar a través del dolor -que nos es impuesta por las Soberanas Leyes de la Vida-, con las insignificantes victorias de Pirro, porque aquellos que se encuentran bajo la hipnosis del odio y del resentimiento no constituyen una parte significativa de la Institución. Hay quienes se han dejado seducir, y deberán afrontar las consecuencias del mal al que se entregan, de las actitudes escandalosas, de las terribles acusaciones, a consecuencia de errores que fácilmente podrían corregirse mediante la lealtad… Finalmente, también están comprometidos con los errores que señalan en los demás, pero que no ven en ellos mismos. El ansia derivada de la pasión del poder es demasiado intensa, y por eso no pueden despertar del letargo hipnótico ejercido por aquellos que momentáneamente los dominan.

"En respuesta a las oraciones de los servidores fieles, que continúan sufriendo y confían en Dios, aquí estamos retornando de las antiguas páginas del martirio, para infundir ánimo a quienes han caído y enfrentar las circunstancias aciagas de este momento.

"El amor nunca cede, sólo cambia de matiz. Es paciente y sabe aguardar; nunca se revela; persevera, y siempre aparece cuando menos se piensa en él.

"Esta Institución se ha dedicado al Bien, sin preferencias, pues en nombre de Jesús atiende a todos en sus necesidades humanas y, principalmente, espirituales. Es portadora de una extensa foja de servicios a la Verdad, y todos aquellos que han recibido su afecto forman hoy la milicia de la misericordia que la protege, para evitar que el Mal se instale en ella, porque estos acontecimientos inconvenientes y desagradables pronto pasarán, y el bien será restablecido.

"No se puede detener a la aurora; Jesús es el permanente amanecer de las almas.

"Al recibirte en nuestra reunión, no tenemos otro interés que el de aproximarnos, estrechar nuestras manos para desarmar al mundo, modificar la conducta del ser humano y hacer que las naciones se respeten y se asistan recíprocamente, porque esa es la única manera de vivir en paz."

-Por cierto, no pretenderás que me convierta al ridículo Cristianismo -replicó con salvaje ironía.

-De ninguna manera tenemos esa intención. Ten presente, hermano, que has venido a visitarnos atraído por nuestras vibraciones de amor y de paz. Por cierto, te esperábamos, y sentimos un gran placer al mantener este diálogo contigo. Observa alrededor tuyo, y verás a quienes somos parte de la Institución, conmovidos, orando por ti y envolviéndote en ternura y cordialidad. No existe sentimiento alguno de rencor ni de rabia. Cuando retornes a Jesús encontrarás, sin duda, la felicidad que supera las pasiones del odio, de la animosidad, de la destrucción. Inspirarás la fraternidad en nuestros otros hermanos, quienes hoy matan despiadadamente y amenazan al mundo con el terror. Ese período ya no encuentra resonancia en la sociedad sufriente, que se halla equipada tecnológicamente para defenderse de las agresiones infamantes, que hora tras hora se hacen presentes en el mundo.

El comunicante no pudo ocultar todo el escarnio que sentía, y soltó una estruendosa carcajada, mientras expresaba, en su idioma, palabras que nos parecieron de irreverencia, e infamantes.

En ese momento, el Dr. Bezerra se acercó a la médium Vicenza, y le aplicó energías a fin de liberarla de los fluidos densos de ese Espíritu, al que adormeció, a la vez que le iba diciendo:

-Quédate con nosotros durante una semana, a fin de que nos conozcamos mejor y, de ese modo, más fácilmente descubrirás a Jesús, que está en germen en tu corazón.

El Dr. Carneiro de Campos y Virgilio Almeida trasladaron al comunicante a la sala contigua.

11

EXPLICACIONES Y ADVERTENCIAS

En el silencio que se hizo espontáneamente después de que la médium hubiera recuperado la lucidez de conciencia, el hermano Macario explicó:

-Cuando el emperador Dioclesiano, instigado por Galerio -en el invierno del año 303-, dio comienzo a la más feroz persecución a los cristianos -que comenzó el día 24 de febrero-, los verdaderos discípulos de Jesús perdieron los escasos derechos de que disfrutaban, y fueron convocados al testimonio. Algunos de ellos -más frágiles- renunciaron a la fe liberadora, mientras que otros tuvimos el honor de ofrecer la vida física en demostración de amor a Él, que nos había dado la suya anteriormente.

"Me había hecho cristiano en África del Norte, y residía en Roma, donde participaba de los encuentros consoladores, en los cuales la luz de la verdad brillaba intensamente.

"Allí me hicieron prisionero, me azotaron con violencia, y aguardé el momento de ofrecer al Maestro mi humilde existencia, como una forma de agradecerle Su mensaje sublime, que honraba mis horas.

"Era yo un padre de familia; mi mujer y mis dos hijas -de doce y catorce años- también fueron tomadas como prisioneras, porque no abjuraron de nuestra fe. Eso me hizo sufrir un indescriptible dolor, compensado con la certeza del Reino que Él nos había prometido.

”Nos arrojaron a las fieras, en un espectáculo en el cual estuvo presente el Emperador, acompañado por su séquito, y fuimos despedazados por los afilados dientes y las poderosas garras de los animales, traídos de Nubia y de Dalmacia, hambrientos y estimulados por el hedor de la carne fresca, en aquel inolvidable atardecer...

”Hacía frío, y el viento silbaba en los brazos de la naturaleza. El cielo estaba densamente nublado pero, a pesar de eso, todos percibíamos Su presencia y -a continuación del pavor inicial que nos causó el ingreso a la arena amenazadora- un bálsamo se apoderó de nuestras energías, hasta que nos recibió el ángel de la muerte, después de las terribles dentelladas que nos despedazaron.

”Casi de inmediato, mientras las carnes se estremecían en los últimos estertores, un amanecer inigualable de soles sustituyó a la noche -que había llegado sin preámbulos-, y pudimos ver la gloria de la vida en toda su exuberancia, al tiempo que los Espíritus bienaventurados se ocupaban de recoger a los que recién habían desencarnado.

”Armoniosas melodías, de incomparable belleza, se escuchaban en todas partes, y flotaba mágicamente en la bóveda celeste la máxima de los primeros mártires: *¡Ave Cristo! ¡Quienes viviremos la vida eterna te rendimos homenaje, y te saludamos!*

”Las lágrimas, que brotaban como rocío de nuestros ojos, caían en abundancia, mientras éramos conducidos a una hermosa región, aunque no lo mereciésemos.

”La magnificencia de la inmortalidad superaba todos los límites de nuestra percepción respecto de la misericordia de Dios, que nos llegaba a través de su Hijo amado.

"A partir de entonces, estamos a disposición de Él; y trabajamos para preservar sus enseñanzas en ocasión de las terribles disensiones entre las criaturas humanas, con posterioridad al Edicto de Milán, del cual fue autor Constantino...

"Las épocas se suceden, y dondequiera que Su palabra sea pronunciada, somos convocados para cooperar con los heroicos y abnegados sembradores de la esperanza y de la paz.

"Aquí estamos, pues, al servicio del Sublime Amigo y Benefactor, en esta grave situación que el *Consolador* enfrenta en la Tierra.

"Dado que vino para dar cumplimiento a su promesa de no dejarnos huérfanos, el Espíritu de Verdad y los iluminados de la erraticidad superior multiplican los santuarios para la educación espiritual, a fin de atender a la humanidad durante la gran noche que precede al amanecer de la Era Nueva."

Nuestra emoción se generalizó ante ese apóstol del Bien que los Cielos nos habían enviado para socorrer a los trabajadores de la luz imperecedera de la inmortalidad.

Pude observar que el hermano *mulán*, aunque estaba dormido, recibía a modo de bendición un socorro providencial, a través de las vibraciones que reinaban en el ambiente, y que lo impregnaban.

Entonces, el mártir se dirigió a los compañeros encarnados, que se hallaban involucrados en los graves conflictos promovidos por los adversarios de Jesús, y les habló con paternal ternura:

-Esta es una lucha lamentable, cuyas nefastas consecuencias repercutirán en vuestros destinos.

"Tengamos presente aquello que Él nos enseñó, acerca de que el escándalo es necesario, pero desventurado será quien lo promueva, porque las Leyes disponen de mecanismos especiales para educar, haciendo innecesaria una rectificación que dé lugar a futuros sufrimientos.

"Habéis sido invitados para instalar el Reino de Dios en la Tierra, amparados por los númenes tutelares con los cuales convivís conscientemente, a través de las memorables comunicaciones mediúmnicas.

"Sois gentiles con los desencarnados afligidos, que os visitan en busca de armonía y liberación; sin embargo, os volvéis los unos contra los otros -como si fueseis chacales hambrientos- por insignificantes cuestiones egoístas. Esos no sois vosotros, a pesar de que la imprudencia os caracterice. Algunos os encontráis sometidos a una dañosa inspiración, que os es necesario rechazar con vehemencia. Despertad hacia el amor en toda su plenitud, ayudándoos los unos a los otros, siendo misericordiosos con los más débiles, que caen a lo largo del camino, o cuyas fuerzas desfallecen durante la ascensión al calvario, que a todos nos libera.

"Resolved vuestras dificultades, teniendo como objetivo la Causa del Bien, y no los intereses que nos humillan, que nos inducen a preservar los sentimientos del rencor, del odio, así como de todo su maléfico séquito.

"Este es el momento de dialogar, en vez de competir; de ayudar, sin crear dificultades. La caída de alguien, con quien somos poco amigables, es un motivo de preocupación social, porque cuando un trabajador cae, el grupo se ve amenazado…

"Elevaos mediante la solidaridad. Aquel que hoy tiene la responsabilidad de la administración, mañana estará como anónimo, pero prestará servicio siempre, porque lo importante no es el puesto, la posición de relevancia. El espírita sabe que le cabe obedecer las leyes de la sociedad, pero que no puede omitir la Ley de Amor, por encima de todas las circunstancias.

"Disolved el veneno de la maledicencia, ayudándoos como anteriormente habéis hecho, corrigiendo lo que sea necesario y recordando que deberéis rendir cuentas de vuestra administración, de vuestra conducta, de vuestras acciones.

"Vosotros no tenéis excusa, como ocurre con muchos otros, que aún no han sido despertados a la Vida Inmortal."

Hizo una pausa, lo que dio lugar a que los presentes nos mirásemos unos a otros, y constatásemos la irrelevancia de aquello por lo cual se luchaba, el desvío del rumbo que se habían permitido los buenos servidores de Jesús, haciendo propicia la oportunidad para la hipnosis mórbida.

A continuación, prosiguió:

-Cuando retornéis a la bendita *escafandra* material, tened presentes algunos de los conceptos enunciados aquí, durante vuestro sueño confortador, y vuestros sentimientos estarán en calma. Conservad ese estado de ánimo. Dejad la arena de las pasiones para aquellos que aún no conocen al dulce Galileo, y vivid de acuerdo con sus principios, según los cuales el *ego* cede lugar en todas las circunstancias.

"La renuncia os dispensará la oportunidad para que estéis más próximos a Él; la abnegación os enriquecerá de alegría, y el perdón de las ofensas será el sello de luz colocado sobre el documento de los nuevos compromisos de ayuda recíproca.

"No temáis; el Señor está con nosotros y la obra le pertenece. Él nos cuida y nos ampara, pese a las dificultades que hemos ido sembrando en el camino, debido a nuestra limitada percepción y a la inmediatez de nuestra visión humana.

"Un gran enemigo, al que necesitáis combatir con eficiencia, es el egoísmo, esa herencia lamentable del proceso de la evolución antropológica, que retiene al individuo con gruesas cadenas.

"El éxito del grupo social depende del miembro más débil, que podría significar el acceso al desequilibrio general. Es indispensable, por lo tanto, que predomine la solidaridad entre todos mediante el auxilio recíproco y la tolerancia fraternal, recordando que todos atravesáis, o ya habéis vivido, esa fase primitiva.

"A partir de que escuchasteis la invitación de Jesús, para trabajar en Su sembrado, ninguna condición os ha sido impuesta, como tampoco exigisteis que vuestro prójimo fuese un bienaventurado, para serviros de modelo. Caía la tarde, y muchos de vosotros disponíais de los instrumentos apropiados para roturar el terreno castigado por la sequía, sin duda, en los corazones humanos derrotados por el pesimismo, por la desesperación, por la falta de oportunidades...

"¿Por qué, de un momento para otro, os transformáis en sus jueces inclementes? ¿Trabajáis a favor vuestro, en función de la convocatoria superior? ¿Qué pretendéis vosotros, que os habéis transformado en agentes de disensión, al pronunciar acusaciones contra vuestros hermanos y amigos, a quienes mucho considerabais poco tiempo atrás? Cuando el cielo se oscurece durante el día, pronto

llega la tempestad. ¿Por qué habéis permitido que la cúpula de vuestros sentimientos -aureolada por resplandores
sublimes-, a consecuencia de mezquinas disputas y celos,
fuera cubierta por nubes cargadas que ahora se han tras-
formado en una tormenta peligrosa?

"El Señor extraerá, del mal de estos días, lecciones
valiosas para los nuevos servidores fieles de la verdad. Ellos
ya no afrontarán el circo ni la degradación, la crucifixión
ni el empalamiento, pues los tiempos han cambiado, pese
a que los sentimientos de venganza y de rencor poco se
han modificado y exigen, aún, el sacrificio de nuevos mártires y abnegados servidores de Jesús.

"Los ojos voraces del mundo os acechan, y descu-
bren vuestras conductas injustas y vengativas, muy diferentes de lo esperado: el amor y la fraternidad, el júbilo
por el bien cumplido, el inmenso placer de ayudar y edificar un mundo mejor.

"Se reiteran las infamias medievales, las disputas im-
periales para disfrutar el placer del siglo y la soberbia teo-
lógica, siempre dominadora. No son pocos los discípulos
que han cometido equivocaciones en la siembra, pero el
Maestro los conoce y cuidará de ellos, sin que sea necesario estigmatizarlos, ni arrojarlos al desprecio de los frívolos
y los burlones.

"No os apartéis del amor con ningún pretexto: tened
presente que *Dios es Amor*.

"Tendremos una nueva oportunidad para encon-
trarnos, mañana. Entonces volveremos a atender a nuestro
querido hermano, que ha liderado la situación casi deplorable en que se encuentra nuestra amada Institución.

"Permaneced en el bien y seréis dulcificados y felices, porque ningún mal puede haber donde se encuentra el Mensaje de la liberación."

Mientras ponía término al consejo, algunas lágrimas se deslizaron por su rostro.

El director de la Sociedad oró con profundo recogimiento para dar por concluida la reunión, y los colaboradores encargados de conducir a los compañeros encarnados a sus destinos, iniciaron la tarea, mientras que nuestro grupo, dirigido por el amoroso Dr. Bezerra de Menezes, se acercó al venerado Macario, a fin de intercambiar experiencias.

12

LOS DEBATES PROSIGUEN

Pese a que en otras oportunidades ya habíamos conocido a nobles mensajeros de Esferas elevadas, que nos habían visitado, el hermano Macario irradiaba singulares vibraciones de amor, ternura y compasión.

Como si se tratase de un maestro al que venerábamos, nos recibió con simpatía, y nos explicó que se hallaba en conocimiento del menester en el cual estábamos empeñados, además de dirigirnos palabras afectuosas y estimulantes, a fin de que continuáramos hasta el instante feliz de la conclusión de la labor.

Sin que le hubiéramos hecho pregunta alguna, nos explicó:

-La situación evolutiva del planeta Tierra es muy grave. Independientemente de los logros morales, económicos, sociales, religiosos, artísticos y culturales, intelectuales y tecnológicos, ocurre que el comportamiento humano está perturbado, e influye obstaculizando el equilibrio gravitatorio y su constitución. Los cambios espontáneos siempre se han producido, a lo largo de miles de millones de años, a los efectos de la adaptación y la armonía necesarias al proceso evolutivo. No obstante, aquel comportamiento descontrolado está aniquilando diversas expresiones de vida. Los gases tóxicos, las explosiones de las ojivas nucleares -a partir de la primera explosión atómica-, están produciendo perjuicios tales como el continuo calentamiento global, el avance de los mares, el deshielo amenazador, la escasez de agua potable y de oxígeno puro, sin contar los venenos de la contaminación, que pueden provocar reacciones internas y culminar en calamidades de significativa dimensión.

"En las regiones superiores de la vida, alrededor de la Tierra, están trabajando apóstoles de la ciencia, comandados por Jesús, para disminuir los efectos dañinos de esa conducta fuera de control, en la tentativa de mantener el esquema del progreso, evitando los terribles acontecimientos que con cierta periodicidad la arrasan, ocasionando que miles de vidas sean segadas.

"De la misma manera, los desastres individuales, que son responsables de las tragedias colectivas, a consecuencia de intereses inherentes a la falta de dignidad, han dado lugar a los centenares de guerras posteriores a aquella que *debería acabar con todas las guerras: la de 1914/1918.*

"La necesidad de mantener a las naciones en estado de continuo desarrollo, consumiendo combustibles contaminantes, agrava significativamente la realidad de la existencia humana y, a medida que se reducen las fuentes de esos recursos -antes consideradas inagotables-, surgen las amenazas de carácter totalitario, con el fin de controlar la mayor cantidad posible mediante la falsa justificación de su inminente agotamiento…

"Esos apóstoles, algunos de los cuales se encuentran reencarnados, han permanecido activos para hallar soluciones que respeten a la Naturaleza, aprovechando las fuentes de energía que no ocasionan degradación. Aún no

son tenidos en cuenta por los países ricos e industrializa-
dos, que se olvidan del futuro y de la herencia que dejarán
para más adelante, pues piensan en el absurdo enriqueci-
miento transitorio, después de cual la vida tendrá escasa
importancia.

”…Y todo eso se puede solucionar a través del amor.
Es posible que los seres humanos zanjen diferencias, sin
odios ni pasiones individualistas, pensando -simplemen-
te- en el bien común, porque la interdependencia entre
todos es indiscutible. Algunos, poderosos y ricos, mientras
que otros, miserables y dependientes, constituyen el lado
podrido de la manzana, que amenaza a lo que es saludable,
porque la ruina de un pueblo sacude la estructura de toda
la humanidad.

”Obsérvense las terribles consecuencias del fanatismo de los alucinados, que se complacen en matanzas de
suma crueldad, atrayendo a jóvenes que han perdido el
sentido de la existencia y se transformaron en verdugos
de la sociedad, reviviendo los períodos bárbaros, cuando
invadían feudos y pueblos, ciudades y aldeas, y después de
quemarlos, derramaban sal en el suelo, dejando la desolación y la muerte. Ellos no vivirán mucho tiempo, y pronto
estarán de retorno al Gran Hogar, desde donde partirán en
masa hacia el exilio, a fin de que realicen un aprendizaje
en ambientes primitivos, aplicando la inteligencia, la fraternidad y el amor.

”La mente humana es hábil para descifrar las enseñanzas del Padre -las cuales han sido aportadas a la Tierra
por todos los profetas, y en especial por Jesús-, a fin de
que pueda superar sus instintos animalizados, aun sin la
certeza - ni siquiera la noción, en algunos casos- de la inmortalidad.

"En el Alcorán, entre muchas *suras*, los versículos 153 y 195, respectivamente, establecen: *¡Oh creyentes, amparaos en la perseverancia y en la oración, porque Dios está con los perseverantes! ¡Haced caridad por la causa de Dios, evitando quedar en la ruina; y practicad el bien, porque Dios aprecia a quienes son caritativos!*

"¿Cómo se puede entender que palabras tan claras, perfectamente coherentes con las enseñanzas de Jesús, sean utilizadas para matanzas grotescas de niños, adultos, ancianos -sean saludables o enfermos-, en espectáculos que llevarían al delirio a las sociedades ociosas de la antigua Roma, en sus festivales fúnebres y sangrientos?

"Pero no es de extrañar ese lamentable acontecimiento, porque no hace mucho las terribles Cruzadas diezmaron pueblos enteros, con una innumerable cantidad de víctimas, cuando sus promotores, que se consideraban dueños de la verdad, aunque ocultando sentimientos ilícitos, partieron de Europa para destruir a los conquistadores de la sepultura vacía de Jesucristo… ¡¿Durante cuántos siglos, la Santa Inquisición impuso la ignorancia y la brutalidad, a hierro y a fuego, dominada por los impulsos de las más viles pasiones terrenales, sin el menor vínculo con Jesús, en cuyo nombre asesinaban y perseguían, con una crueldad inimaginable?!

"La criatura humana posee una tendencia egoísta a la alteración de la verdad, para adaptarla a sus míseros intereses, y se impone con una orgullosa voluptuosidad, sin pensar en que su existencia es transitoria.

"Ahora, es la oportunidad de los antiguos moros, que también han sido *bárbaros* anteriormente, pues por donde pasaban dejaban la desolación y la muerte, y ahora desean imponer sus creencias y sus tesis, vengándose de los *infieles*.

"Por cierto, nada justifica la violencia, porque la Divinidad posee los mecanismos de la justicia plena; no obstante, la imprevisión humana, apegada a lo inmediato, se atribuye poderes que no tiene y se lanza a guerras de exterminio, en las cuales también se consume.

"Solamente el amor posee la fuerza invencible para alcanzar el triunfo sobre las herencias del primitivismo.

"Por eso mismo, jamás habría existido la Resurrección, si no hubiese estado precedida por la crucifixión del Justo. Este es un momento semejante al calvario, para quienes descienden del amor de Jesús, y les es necesario que la victoria sobre el egoísmo y sus célebres adeptos se imponga mediante la compasión y la caridad. No hay cómo reaccionar con equivalentes instrumentos de cólera y resentimiento, porque se trata de enfermos que han enloquecido de dolor, en los abismos a los cuales fueron precipitados... Ahora, cuando el planeta necesita depurarse, son liberados de las cadenas a las cuales se rindieron, y se vuelven contra todos aquellos a quienes atribuyen su prolongada desdicha.

"En las comunidades del Espiritismo han renacido, en la actualidad, muchos equivocados justicieros del pasado, que se valieron de la mitra y del poder religioso para satisfacer sus impulsos generadores de conflictos, y a su propia inferioridad. Hoy se encuentran del otro lado, en el lado de Jesús, sometidos a las pesadas cargas de los remordimientos y de los delitos infames, que los retuvieron con prolongados sufrimientos en el Más Allá. Pero han renacido para resarcirse, para avanzar rumbo a la Gran Luz."

Hizo un silencio elocuente, para después proseguir:

-Por su parte, hermanos musulmanes y judíos, que fueron expulsados de Occidente por las religiones dominantes -que los hicieron responsables de crímenes que son inherentes a la criatura humana, y no sólo a una u otra raza-, ahora se han unido y organizado para la venganza, y están en acción.

"Tengamos paciencia, aprendamos el amor y demostrémosles que ya no somos los mismos de aquellas ocasiones del pasado, de alucinación y fanatismo, como hoy ocurre con ellos. Por encima de todo, sin embargo, cuidemos la conducta moral en relación con Jesús y su doctrina, dejando de lado los impulsos inferiores de dominación, de combates externos, porque los verdaderos enemigos de la criatura humana están en su interior, y no afuera, en la condición de su prójimo enfermo...

"Es indispensable que los espíritas, al comprender lo que está sucediendo, se unan, se disculpen, se concedan el derecho de ser imperfectos en un proceso de perfeccionamiento, para atraer hacia sus filas a los desencarnados que ahora se presentan ante ellos como enemigos. Así, no muy lejos en el tiempo, se habrá instalado el *Reino de los Cielos* en la Tierra, y todas las ovejas se reunirán en torno a la seguridad que les confiere el cayado de su único Pastor.

"Mañana, a la hora convenida, nos reuniremos nuevamente, a fin de proseguir con nuestras benditas tareas de esclarecimiento.

"Que el Señor, con sus bendiciones, nos conceda su paz y su sabiduría, para que podamos proceder correctamente en nombre de Él."

Nos despedimos, y nuestro grupo se dirigió a la sede donde nos congregábamos durante el período que hemos estado narrando.

Reflexiones profundas dominaban nuestro paisaje mental.

No cabe la menor duda de que somos los sembradores del campo de la evolución, y siempre retornamos a los mismos sitios a fin de levantar la cosecha.

Lamentamos la alucinación y la agresividad de los hermanos que ahora atacan a Jesús, que ha renacido en las benditas lides espíritas.

El Espiritismo es una doctrina tan bella como simple, porque revive la pureza del Evangelio y restaura el amor sublime del Amigo incomparable, valiéndose del ángel de la caridad, para que esta sea su norma de conducta. Forja el Espíritu, a fin de que vuelva a descubrirse y disipe las sombras tardías que aún se encuentran en él, iluminándose con sabiduría y plenitud.

Cuando esa Doctrina se haya instalado en los paisajes de los corazones humanos, el significado psicológico de la existencia comenzará a ser la práctica de sus postulados, así como ocurrió con todos aquellos que quedaron fascinados por el Maestro, ya fuera en el período durante el cual Él estuvo con nosotros en la Tierra, o con posterioridad a su incomparable trayectoria.

¡¿Cómo pudo Francisco de Asís abandonar la opulencia, el placer de la juventud, para entregarse a Él totalmente, así como a la pobreza extrema, sometido al azote del hambre, de las enfermedades, del abandono de parte de todos, a partir del momento en que, convertido en *Em-*

bajador del Gran Rey, descubrió el sentido máximo de la existencia?!

Sin duda, saturado de los placeres ilusorios, necesitaba algo trascendente, que se encontraba en lo profundo de su ser, en la condición del *discípulo amado*, que vino a demostrar que es posible vivir según los principios del Maestro, íntegramente, en cualquier época y lugar del tiempo y del espacio.

El silencio que se había apoderado de todos nosotros fue interrumpido -a nuestra llegada a la noble Institución donde nos hospedábamos- por la advertencia del afectuoso Dr. Bezerra:

-Mantengamos la mente fija en el amor y en el perdón, en la caridad y en la misericordia de nuestro Padre, a fin de que estemos en condiciones de recibir, a nuestros hermanos equivocados, con sentimientos profundos, y no sólo con palabras.

"Busquemos el reposo mediante la oración."

La cúpula celeste estaba profusamente iluminada con diamantes estelares, y la brisa perfumada era transportada por toda la Naturaleza, exaltando la belleza de la Creación ante nuestros ojos deslumbrados y nuestros elevados sentimientos.

Durante el día, las actividades en la Casa Espírita eran significativas, mediante la atención a los transeúntes de los dos ámbitos de la Vida, especialmente aquellos que aún se encontraban sometidos a los padecimientos de las desencarnaciones dolorosas, sin que hubieran despertado a la nueva realidad.

La atención espiritual permanente constituía una bendición para los pasajeros de la amargura, aquellos que tenían enferma el alma.

Personas de diferentes estratos socioeconómicos, en los horarios establecidos, iban en busca del consuelo moral y espiritual que recibían a través de la atención fraterna, de la labor para auxilio al prójimo en el sector de servicio social, de la aplicación y la recepción de fluidos terapéuticos, mientras que, fuera de las defensas de la Institución, Espíritus ociosos y perversos acechaban a quienes omitían la vigilancia.

En un determinado momento, vimos que un joven encarnado, de aproximadamente dieciséis años, se acercó a la entrada, amparado cariñosamente por el Espíritu de una señora gentil quien, preocupada, lo había inducido a la búsqueda de auxilio, conduciéndolo hacia aquel santuario de amor y solidaridad.

Pronto percibimos que se trataba de su progenitora, ya desencarnada, porque el cariño con que envolvía al joven delataba su generosidad maternal.

Él se dirigió al encargado de la recepción general, que estaba en la entrada, y le manifestó que necesitaba ayuda.

Estaba pálido, levemente tembloroso, cohibido; no ocultaba su timidez.

El recepcionista, un legítimo cristiano, comprendió los conflictos que experimentaba el joven, y gentilmente lo condujo hacia una venerable señora, que atendía bondadosamente en uno de los rincones de la sala, y que estaba dedicada especialmente a ese menester.

De inmediato, percibí la mediumnidad de la asistente, porque entró en sintonía con el Espíritu de quien había conducido al joven hasta allí, dando comienzo a un intercambio mental.

La progenitora estaba preocupada por la situación que afectaba a su hijo, a consecuencia del choque traumático derivado de su desencarnación repentina. Estrechamente vinculados por el afecto, ambos padecían a raíz de la separación corporal. Como consecuencia de ello, él había sufrido un trastorno depresivo vinculado con la afectividad, y se resistía a la alimentación y al sentido psicológico de la existencia. Había perdido los estímulos para el estudio, y se dejaba consumir por una nostalgia indescriptible, dado que también era huérfano de padre.

La persona que lo atendía, con paciencia y ternura, lo invitó a que expresara su dolor, a la vez que le demostraba su afecto espontáneo, que lo reconfortó, pues le parecía haber encontrado de nuevo a su madrecita, pese a que estaba en el Más Allá. Las vibraciones que se exteriorizaban de la médium eran absorbidas por el enfermo, mientras que su madre también le trasmitía vibraciones de ánimo y fuerzas para que prosiguiera la jornada, que no podía ser interrumpida en aquel momento.

A medida que el diálogo avanzaba, durante la narración de lo que él consideraba un infortunio -la *pérdida* del ser querido-, fue posible percibir a un adversario del pasado, que había conseguió infiltrarse en sus pensamientos de dolor, y lo aturdía con sus energías deletéreas, sugiriéndole -de vez en cuando- el suicidio.

Gracias a que en la existencia del muchacho aún no había compromisos negativos, la madre conseguía disolver aquellos fluidos perversos e inducirlo a la oración, tal como había ocurrido aquella mañana en que lo condujo a la Sociedad Espírita.

Al cabo de una conversación saludable, que abundaba en esperanzas, la asistente le aplicó el beneficio del pase, dominada por un sentimiento de amor y de inmensa compasión.

El hermano Elvidio, que se encontraba en el lugar, tomando nota y cooperando en las múltiples actividades, después de examinar al paciente manifestó que, a partir de aquel momento, él estaría bajo la protección de los benefactores espirituales de la Casa, quienes providenciarían la atención en particular del adversario desencarnado, postergando el momento de la rehabilitación del joven -que era su verdugo del pasado-, hasta que tuviera fuerzas y discernimiento para la reparación.

Un joven dócil y carente de conocimientos espirituales era, no obstante, un excelente campo experimental para iniciar servicios edificantes a favor del futuro. Por cierto, a partir de aquel momento él retornaría, en algunas ocasiones conducido por su progenitora desencarnada y, en otras, por la Entidad encargada de protegerlo, hasta que se vinculara a la Doctrina Espírita con la mirada puesta en el porvenir, cuando podría colaborar para su propio bien y para la fraternidad en general.

Lágrimas bienhechoras se deslizaban por su rostro a medida que era auxiliado por la servidora de Jesús. Minutos después, presentaba un cuadro muy diferente de aquel que lo había llevado al santuario.

El Centro Espírita es, sin duda, un hospital de emergencia para las aflicciones del alma, de la emoción y del cuerpo, porque proporciona armonía íntima al paciente, y despliega delante de él horizontes que antes jamás había imaginado.

La certeza de que nadie se encuentra a solas, al igual que el descubrimiento de oportunidades redentoras al alcance personal, constituyen pilares de apoyo para vencer la debilidad y el desconsuelo moral cuando se instala el sufrimiento.

Es una tarea enriquecedora y bendita, aquella que proporciona luz a quienes se debaten en la oscuridad. El conocimiento es una claridad espiritual que disipa las tinieblas de la ignorancia e impulsa al ser en dirección a la conquista de la plenitud.

Donde se instala el amor de Jesucristo, siempre existe la oportunidad para el servicio y el apoyo incondicional ante todas y cualesquiera necesidades que se presenten en el ser humano.

De hecho, en su condición de Consolador, el Espiritismo, además de enjugar las lágrimas de quien sufre, le concede valores para proseguir con dignidad, a fin de que construya el futuro dichoso y experimente el bienestar desde los primeros momentos. Siempre hay Espíritus generosos y diligentes a la expectativa de sintonizarse con los transeúntes terrenales, de la misma forma que los hay en las categorías inferiores de la evolución. La cuestión es, por lo tanto, de compatibilidad vibratoria.

Proseguían los socorros, y aumentaba el número de pacientes a medida que transcurrían las horas.

Había personas visiblemente obsesas, o atormentadas por los vicios a los que se entregaban, o afligidas por enfermedades irreversibles, por dramas familiares, por dificultades económicas, por la falta de trabajo, víctimas del abandono de sus seres queridos... Muchas llegaban en busca de milagros, de fenómenos sobrenaturales para su beneficio, y pasaban, todas, en una fila interminable...

Afortunadamente, cada dos horas había un intervalo para charlas reconfortantes y esclarecedoras, en las cuales se explicaban los objetivos del Espiritismo y cómo debe comportarse el cristiano ante los desafíos existenciales. La concurrencia siempre era abundante, tanto de encarnados como de desencarnados.

Espíritus que recién habían llegado a las Esferas espirituales, ignorantes de lo que les había sucedido, eran trasladados a un departamento especial, donde se atendía a aquellos que poseían algún mérito, a fin de que fueran trasladados a las Organizaciones del Más Allá. El trabajo del Bien era permanente.

Notamos, junto con Germano y el Dr. Carneiro de Campos, que también se ponían en evidencia los *infiltrados*, quienes generaban disturbios debido a la negligencia de algunos compañeros irresponsables, más interesados en las proyecciones mundanas y en sus desvíos, que en el servicio de liberación mediante el amor.

En la sala dedicada a las costuras, que tenían como destino las gestantes pobres y los niños andrajosos, el antiguo lector del Evangelio había sido retirado, porque las señoras no alimentaban simpatía por él, y porque les parecía tediosa la lectura de la obra consoladora, de modo que la situación daba lugar a la maledicencia, a las anécdotas frívolas y a las carcajadas vulgares.

Era lamentable escucharlas, en esa Casa dedicada a Jesús, criticándose unas a otras, mientras en la sala de la dirección el gestor -siempre desconfiado de los compañeros, que le parecían adversarios- no ocultaba la incomodidad de la situación en que se encontraba.

La Tesorería también atravesaba un momento desagradable, a consecuencia de algunos acontecimientos irregulares, promovidos por el anterior presidente de la Institución, que era un despilfarrador, como si los recursos reunidos para las finalidades elevadas le perteneciesen, para su uso personal y familiar...

En silencio, otros participantes del grupo conspiraban contra la actual Dirección, pues vigilaban a cada miembro, y ventilaban acusaciones despiadadas en un grupo que debía dedicarse a la fraternidad y al amor sin tacha.

Por ese motivo, los enemigos del Cristo se habían instalado allí, y generaban desidia, rebeldía y peligrosas confabulaciones, para derribar a los compañeros que administraban el patrimonio material.

Ese comportamiento lamentable, si se tiene en cuenta a Jesús como modelo para todos nuestros actos, favorecía que los adversarios de Él fueran, lentamente, ganando espacio y promoviendo acciones en aquel Santuario de amor.

El hermano Elvidio, mientras tanto, daba evidencias de paz interior, pues sabía que no faltaba el socorro de los Cielos y que, con las actividades espirituales del grupo dirigido por el Dr. Becerra -por entonces enriquecido con la presencia del venerado Macario-, conduciría nuevamente el rebaño hacia Jesús, para volver a edificar, sobre los escombros, la Casa de la Verdad, donde la cizaña de las disputas ya no crecería junto al trigo de la solidaridad.

En nuestro recorrido por los diversos sectores de ese Taller de amor y de caridad, percibimos la presencia del *mulán*, casi adormecido y conducido con cariño por algunos de los mentores, de modo que tomase conocimiento, incluso en ese estado de escasa lucidez, de aquello que se realizaba en la bendita Institución, a la que pretendía destruir sobre la base de los injustos argumentos referidos a las persecuciones sufridas en el pasado.

Las horas parecían insuficientes para atender a una verdadera multitud, que buscaba ser escuchada y socorrida de inmediato. Sin embargo, teniendo en cuenta que la programación había sido muy bien elaborada, muchos eran los obreros, de ambos lados de la vida, que desarrollaban actividades con alegría, en busca de dar cumplimiento a las responsabilidades asumidas.

El orden es, sin duda, un excelente representante del Bien, porque donde aquel está vigente todo se desarrolla con equilibro, sin trastornos ni precipitaciones.

Casi inesperadamente había llegado la noche, y una verdadera multitud concurrió para la conferencia doctrinaria habitual, en la cual debería exponer la doctrina un conocido servidor del Evangelio, muy apreciado por el público, pues su palabra era portadora de belleza, pero sobre todo a consecuencia de los ejemplos de su vida cristiana dedicada a los necesitados.

Observamos los cuidados de los responsables de la Entidad, pues se multiplicaban los colaboradores dedicados a preservar la disciplina y el equilibrio en el recinto, evitando la entrada de los perturbadores de ambos lados de la vida y, especialmente, el ingreso de los muchos Espíritus ociosos que habían sido congregados por los perversos enemigos, quienes atendían sus propias actividades.

Gentiles, aunque severos, no permitían la entrada de los perseguidores contumaces de muchos de los concurrentes, menos aún de aquellos que tenían las intenciones enfermizas de generar desorden.

No obstante, en algunos casos de obsesiones que se manifestaban mediante subyugación, admitían al paciente y a su perseguidor, tal era la intensidad de la fusión periespiritual de ambos en sus lamentables embates. De esa forma, los dos podrían ser beneficiados con los fluidos ambientales, al igual que con el mensaje reconfortante.

A pesar de todos los cuidados, poco antes de que comenzara la disertación, una joven obsedida, totalmente descontrolada, giró sobre sus talones y comenzó a retorcerse en una crisis convulsiva, como si fuese de naturaleza epiléptica. Controlada por un feroz adversario, sus centros cerebrales también estaban afectados por los fluidos espurios del enemigo que la martirizaba hacía ya algunos años.

La escena opresora disminuyó de inmediato sus efectos, porque acudieron en ayuda de la joven los miembros de la vigilancia, que se ocuparon de retirarla de la sala y, mediante la aplicación de pases, apartaron al malhechor espiritual, ayudándola a que recuperase la lucidez, mientras ella, angustiada, estalló en un atormentado llanto.

El intento de provocar incomodidad en la atenta platea, pronto cedió lugar al silencio y a la armonía en el ambiente.

En ese momento -siendo las veinte horas-, dio comienzo la reunión doctrinaria, con una admirable disertación de contenido espírita…

La magia de la palabra del expositor penetraba en los presentes como un bálsamo aplicado con ternura y esmero. Al evocar la figura del Nazareno -cuando atendía a las multitudes con infinita paciencia y compasión-, el orador comparaba aquellos días con los actuales, caracterizados por los sufrimientos de variada naturaleza, al mismo tiempo que se refería a la necesidad de buscar a Jesús, en quien se encontraría el refugio indispensable para la conquista de la armonía.

Visiblemente inspirado por el mentor de la Institución, explicaba que la función principal del Espiritismo no es la cura física, la recuperación del equilibrio emocional o psíquico, sino la transformación moral para mejor, porque los males que afligen al ser provienen de su mundo íntimo, son la consecuencia de sus acciones infelices, de modo que mientras no haya un auténtico sentimiento de edificación interior, los pacientes cambiarán de enfermedades, pero permanecerán marcados por la aflicción.

Jesús no vino como si se tratase de un remiendo para las ropas gastadas, sino como liberador de las conductas improcedentes, que generan desánimo y se presentan a modo de sufrimientos. Los benefactores espirituales, por su parte, son amigos generosos y devotos, que socorren, pero no pueden impedir que las consecuencias de los actos de insania se hagan presentes en aquellos que se comportan equivocadamente.

Se torna indispensable la transformación de los paisajes mentales, para que la conducta se vuelva saludable, y dé lugar a una existencia equilibrada, mediante la cual se desarrollen los recursos innatos de la evolución espiritual, que se hallan al alcance de todos.

El tema fue bellamente elaborado, sin connotaciones ridículas ni vulgares, porque se trataba de algo muy significativo, a fin de incitar a todos a que reflexionaran y al cambio de conducta.

Cuando finalizó, varios médiums aplicaron pases colectivos, que saturaron el ambiente con vibraciones armoniosas y de bienestar.

Seguidamente, la reunión se dio por concluida. Algunos de los participantes retornaron a sus hogares, mientras que otros permanecieron en el lugar para recibir las orientaciones que necesitaban, a fin de continuar con sus respectivas luchas.

13

ACTIVIDADES INCESANTES

Cuando se comprenda que el Centro Espírita es un lugar destinado a la paz, y un santuario para la comunión con Dios -pese a la ausencia de símbolos y de otras señales exteriores, habituales en las instituciones religiosas-, se dedicará mayor respeto y devoción a las tareas que tienen lugar en él.

Erigido y conservado mediante las vibraciones mentales y las conquistas espirituales, tanto de los encarnados como de los desencarnados, se convierte en una isla de armonía en medio del mar tumultuoso de las pasiones humanas, completamente desenfrenadas.

Actividades permanentes tienen lugar en él: desde las de naturaleza trascendental, con los Espíritus en aflicción, que son amparados y reciben el sustento de la esperanza envuelto en la caridad, hasta los socorros a los transeúntes encarnados que se encuentran desorientados.

Aún escasamente conocida, la Doctrina Espírita es una luz en las tinieblas de la ignorancia, que proporciona discernimiento acerca de los objetivos esenciales de la existencia física, así como del intercambio que existe, incluso inconscientemente, entre los dos ámbitos de la vida.

Si bien había sido invadido por la perversidad de Espíritus vulgares, el Centro Espírita donde nos hospedábamos no dejaba de ser un taller de bendiciones, para las cuales había sido instalado. El trance aflictivo que experimentaba era consecuencia de la falta de vigilancia de algunos de sus miembros, todavía dominados por la inferioridad moral que no habían conseguido superar, pese a que se encontraban en un franco proceso de rehabilitación.

Nuestra labor no tenía otro objetivo más que el de orientar a los enemigos del Cristo, que se habían permitido las agresiones, no sólo contra aquel hospital de almas, sino contra todo lo que significaba orden y progreso, ética y moral, propensiones saludables a la fraternidad y a la paz.

La abnegación de nobles mensajeros de la luz, a semejanza del hermano Elvidio y su equipo, así como de médiums y trabajadores sinceros, tanto como devotos, constituía los cimientos seguros sobre los cuales había sido edificado el bien.

La transitoria perturbación pronto cedería lugar al equilibrio, en caso de que aquellos que se habían hecho responsables despertaran a la realidad trascendente, y se sometieran a las sublimes determinaciones de lo Alto, según la síntesis del pensamiento kardeciano: *Fuera de la caridad no hay salvación.*

La caridad entendida en su significado más profundo, que esparce bendiciones en todos los sentidos, con los brazos abiertos para recibir a los desventurados con miras a su posterior iluminación.

El día trascurría bendecido por el continuo aprendizaje, a raíz de las situaciones que se presentaban en la Sociedad, pues el amor dispone de un arsenal inmenso de manifestaciones, y está siempre vigilante para proceder con sabiduría. Nos preparábamos para visitar una distinguida

Sociedad Espírita -que en ese momento estaba sometida a los aguijones de la perturbación interna, inspirada por los declarados enemigos del *Cordero de Dios*-, cuando fuimos sorprendidos por un peculiar acontecimiento.

Eran casi las nueve de la mañana, y los servicios de socorro se encontraban en plena efervescencia. Devotos trabajadores de la mediumnidad, al igual que los asistentes fraternos, ocupaban sus lugares dentro de las respectivas salas, mientras se llevaba a cabo una reunión abierta al público, en cumplimiento del programa de esclarecimientos evangélicos, mediante comparaciones ilustrativas entre el Cristianismo y el Espiritismo, que incluía la referencia a la falta de necesidad de dogmas y de ceremonias en el culto a la memoria de Jesús, de modo de priorizar la simplicidad en todas sus manifestaciones. Había un público numeroso, de casi un centenar de interesados, que de allí seguirían hacia sus actividades o buscarían la contribución del pase y del agua fluidificada para sus aflicciones, y todos atendían al expositor, que era evidentemente inspirado por un dedicado mensajero espiritual.

En ese momento, irrumpió en el lugar una pobre mujer, con los cabellos desordenados y la vestimenta desaliñada, la cual era perseguida por dos moradores de la calle, que la maltrataban y la amenazaban con piedras y trozos de madera.

Aturdida, dominada por el pánico, se introdujo por la puerta abierta, pidiendo socorro, lo que causó una gran sorpresa en el salón, en el cual predominaba un clima de iluminación espiritual.

Los agresores le arrojaron varios cascotes, con los cuales la hirieron, pero se detuvieron, vociferando, en la puerta de entrada, sin coraje para invadir el recinto.

Se notaba que aquellos feroces perseguidores estaban rodeados por un grupo de desencarnados, que formaban una densa nube de vibraciones del más bajo tenor, y que los incitaban con un griterío infernal, imponiéndose con violencia para que invadieran la sala, a fin de que la *ladrona* recibiera el duro castigo que merecía.

Gracias a las defensas magnéticas que circundaban el edificio, los atormentados *justicieros* se sintieron paralizados, y después de prometer que la capturarían en otra oportunidad, se alejaron, ruidosos y amenazadores, de retorno a la plaza donde se refugiaban.

La mujer, influenciada también por Espíritus infelices que la vampirizaban, lloraba temblorosa y dominada por el pavor.

Allí estaba el primer mensaje de amor de los Cielos, porque a ella, que era perseguida, las barreras vibratorias no le impidieron la entrada, dado que en la Casa de Jesús nunca hay impedimentos para que la caridad pueda ejercer su rol.

El orador, también sorprendido, y sin duda habituado a fenómenos de tal naturaleza, guardó silencio, mientras que los compañeros encargados de mantener el orden en ese ámbito se acercaron a la sufriente con expresiones de sincero cariño, e intentaron calmarla con palabras de ánimo y coraje, mientras la retiraban del salón para conducirla al interior de la Institución.

De inmediato, el hematoma del rostro y algunos arañazos fueron desinfectados, y recibieron cuidados especiales, en tanto que la paciente fue beneficiada con pases calmantes y consuelo moral.

Después de un breve descanso, fue trasladada hacia el sector social, con el propósito de que se dispusieran algunos recursos para ayudarla a salir de la calle o, al menos, para que se trasladara a otro lugar, evitando la venganza de los compañeros que estaban en rebeldía.

Espontáneamente -aunque se podía observar en ella cierta perturbación mental y emocional- mencionó que se la acusaba de hurto, pero sin ningún fundamento.

Le habían atribuido la sustracción de una colcha, a modo de venganza por haberse negado a exigencias inconvenientes del grupo, que habitualmente abusaba de su dignidad, la cual había descendido al más bajo nivel moral.

Los hermanos de la caridad decidieron darle refugio durante algunos días, mientras se le providenciaban mejores condiciones de vida, siempre que ella estuviese dispuesta a seguir una nueva senda.

Cuando Jesús eligió a los hermanos sufridores, aquellos a quienes detestaban los poderosos, y convivió con ellos en las tascas, en las calles, abandonados, nos dejó el sublime legado acerca de que la compasión y la misericordia deben estar vivas en nuestros corazones, complementándose para el menester de la iluminación.

El Centro Espírita no puede desentenderse de la atención a esos *hijos del Calvario*, que han sido empujados hacia las situaciones más dolorosas del camino, donde deambulan sometidos a las presiones de la miseria socioeconómica y moral, y padecen -no pocas veces- la imposición de trastornos obsesivos indescriptibles.

A continuación, dirigidos por el Dr. Bezerra de Menezes, nos encaminamos hacia la venerable Institución que atravesaba terribles momentos de inquietud y disgregación, al cabo de décadas de actividades dignificantes, afirmadas sobre las sólidas bases de la Codificación kardeciana.

Había crecido mucho y, para conducirla con eficiencia, lentamente fue transformada poco menos que en una empresa moderna, que cumplía los requisitos exigidos por la tecnología de avanzada. Se contrataron especialistas en comunicación y desarrollo, y todo se desenvolvía según las pautas establecidas para las entidades cuyo objetivo era el lucro, por lo que debían competir en el comercio de las negociaciones.

Sin dudas, las Sociedades Espíritas no pueden apartarse de las normas exigidas por las leyes de los diversos países, ni de las conquistas tecnológicas que caracterizan al siglo de la ciencia y del discernimiento. Sin embargo, no pueden ser consideradas como entidades de lucro fácil, de aplicación de recursos en el juego de las Bolsas, en las negociaciones bancarias, con lo que terminan de transformarse, al perder el calor de la fraternidad y de la saludable contribución del voluntariado, de la caridad fraternal, para dar lugar a la presencia de empleados fríos e indiferentes a las connotaciones espirituales de la Casa, interesados solamente en los constantes incrementos de salarios y en las posiciones relevantes para obtener mayores ganancias.

Cuando eso sucede, empujan a Jesús y al amor puertas afuera; se mantienen las denominaciones, pero no el espíritu de sencillez y abnegación, que nunca debe ser apartado de la tarea solidaria cristiana.

Por lo tanto, a consecuencia del exceso de modernización y de recursos específicos, se produjo en esa Sociedad la infiltración de personas ambiciosas, fácilmente manipulables por las Tinieblas, que lograron introducirse en las tareas complejas de la administración, y provocaron divisiones y exigencias de comodidad, con absoluto olvido de los principios básicos del afecto y de la humildad.

La situación se agravó de tal forma, que estaban amenazadas las estructuras espirituales del hermoso trabajo, entre ofensores que se acusaban unos a otros, interesados en destruirse, en desmoralizarse, con el falso pretexto del fervor doctrinario.

En vez del diálogo honesto y franco, sin melindres ni ofensas, se recurría a la maledicencia y a la calumnia, respondiendo al lamentable dominio de los *egos* inflados de salvadores del bien.

Allí se había instalado una célula espiritual en la que también se encontraban los enemigos del Cristo, los cuales pertenecían a la misma lamentable agrupación del *mulán* que habíamos atendido.

En el momento en que llegamos los servidores de la fraternidad, se estaba preparando una reunión del Consejo administrativo, para analizar las cuentas y los gastos previstos para el futuro.

La división entre los servidores era evidente: cada grupo trataba de no ocultar la rebelión interna ni el interés por anular al otro.

El fundador de la Casa, nuestro hermano Herminio, no escondía sus preocupaciones, y dando muestras de aprehensión acerca de los próximos acontecimientos, nos recibió con alegría, conservando la esperanza de resultados favorables al Bien y a la unión.

Algunos de los presentes no habían conseguido desembarazarse de los fluidos morbosos de los enemigos desencarnados que, últimamente, inspiraban las discusiones, las cuales cada vez tenían como resultado un mayor descontento.

Mientras era pronunciada la oración de apertura del encuentro, nuestro benefactor nos indicó que aplicásemos pases de fortalecimiento a cada uno de los miembros de la Sociedad, de modo que se apaciguaran íntimamente y se dulcificaran sus sentimientos, y que recordasen los días pasados, cuando se estimaban y contribuían a la concreción de los proyectos de socorro a los alienados mentales, a los alumnos de las diversas escuelas, a los hermanos que se habían extraviado en el camino redentor de las pruebas y las expiaciones, a los hambrientos de pan y de paz, en aquel recinto que irradiaba armonía y vibraciones trascendentales.

Conmovido hasta las lágrimas, el director que ejercía la presidencia, inspirado por el fundador de la Obra, invitó a los amigos y hermanos al entendimiento, mientras proponía una nueva era de comprensión y de fraternidad. Todos estaban allí por amor a la Doctrina Espírita, alimentando el anhelo de un mundo mejor, que debería comenzar en cada corazón.

Las vibraciones que se percibieron eran dulces, y estaban colmadas de ternura, como debe ser siempre en cada lugar donde se menciona el nombre de Jesús, y se pretende que Él instale su morada.

Sin embargo, algunos de los miembros, más renitentes e intolerantes, permanecieron firmes en los propósitos que alimentaban -sin permitir que los sensibilizara el mensaje, portador de compresión y de tolerancia-, y conservaron el vínculo con los Espíritus que se complacían en generar los conflictos que los perturbaban.

Tan pronto como se le cedió la palabra, para dar comienzo al tratamiento de los temas programados, uno de ellos, más irónico y desafiante, conducido a la distancia por la mente de una Entidad religiosa que, a su vez, era víctima de otra de mayor ferocidad, expuso la lista de los reclamos y las exigencias, con lo que el clima psíquico de la sala fue alterado. Después lo siguió otro descontento, y otro más, quienes transformaron la labor, que debería apaciguar a todos, en aquel campo de disputas inútiles e infantiles, pero de consecuencias nefastas.

Discutían con vigor, como si estuviesen defendiendo intereses materiales imprescindibles para su propia existencia, basados en puntos de vista y en comportamientos egoístas, que daban ocasión a la cólera y la enemistad.

El director demostraba paciencia y compresión, evitando defenderse, y exponía justificativos que aliviaran la carga de descontento. Informaba, reiteradamente, que las dificultades de ese momento requerían la serenidad y el apoyo de todos para que fuesen superadas.

No obstante, como las intenciones de los opositores eran negativas, la firmeza de sus palabras los irritaba más aún, y emitían justificaciones falsas con aparente desvelo por la Institución.

Compadecido de los corazones amistosos que allí se encontraban, el Dr. Bezerra de Menezes dirigió el pensamiento hacia el director de la reunión, que no disimulaba el sufrimiento interno, y lo estimuló a que manifestara:

-No ignoramos que estamos experimentando, en nuestra Casa, una etapa crítica, sin importar de quién es la responsabilidad, pues todos estamos en el mismo barco y juntos hemos asumido todos los compromisos, algunos de los cuales tienen un resultado perturbador. Acusarnos recíprocamente no solucionará los problemas; por el contrario, les concederá una mayor dimensión, y avanzaremos rumbo al escándalo. Y el escándalo solamente empeorará la situación delicada en la cual todos nos encontramos.

"El conocimiento de la Doctrina Espírita nos revela que, más allá de los adversarios encarnados, que todos tenemos cuando estamos dedicados al Bien, existen aquellos que se encuentran despojados de la materia, y que se complacen en generar obstáculos y destruir la obra de Jesús en la Tierra.

"No es la primera vez que el Maestro nos convoca a Su ministerio. Hemos fracasado, no pocas veces, y contrajimos graves responsabilidades. Esta es una oportunidad poco común, especial, en vista del conocimiento de la inmortalidad y de la reencarnación que orienta nuestros pasos.

"Es preciso que nos unamos en el esfuerzo fraternal, a fin de que, al caminar juntos, contribuyamos con los guías de la humanidad, en beneficio de la sociedad feliz de la Nueva Era.

"El apóstol Pablo nos dice que es urgente que continuemos el trabajo, como él lo hizo, aun cuando tengamos *las rodillas descoyuntadas.*

"En los días apostólicos, en ocasión del gran encuentro en Jerusalén, aproximadamente en el año 49 de nuestra era, la división de los compañeros era casi inevitable, especialmente entre las opiniones de Pedro y de Pablo en lo atinente a la circuncisión de los gentiles que deseaban abrazar el Evangelio. Estaban en debate los preceptos del judaísmo y los de la pureza del Evangelio, que a todos se dirigía sin exigencia alguna... La reunión se volvía tensa y, en el momento culminante, Pedro, evocando a Jesús, apaciguó los ánimos: concordó con Pablo y, humildemente, le pidió perdón, en un gesto que desarmó a los litigantes.

"Esa actitud de elevación evitó una disidencia lamentable entre los servidores más abnegados del Maestro crucificado, y preservó la unidad doctrinaria.

"No tenemos alternativa. Solo nos queda unirnos en torno a los ideales espíritas y cristianos que prosperan en nuestra Casa, para sacarla de la situación en que se encuentra y mantener la unión, porque si nos dividimos, el desastre será el desmoronamiento de esta venerable edificación.

"De ese modo, contamos con la complacencia de todos los miembros de este Consejo -lo que no equivale decir anuencia con lo que esté equivocado-, esforzándonos por corregir cuanto sea posible, y evitar futuros compromisos de esa índole."

El director hizo una pausa oportuna, mientras todos lo escuchaban con respeto, incluso los más fervorosos adversarios.

Favorecido por el clima psíquico y emocional, el hermano Virgilio Almeida, inspirado por el benefactor, se acercó a los compañeros que se encontraban sometidos a una presión perturbadora y, valiéndose de recursos magnéticos, apartó a sus obsesores, los cuales se pusieron a gritar en rebeldía y se retiraron, prometiendo venganza.

La reunión prosiguió en otro clima, como si la fraternidad hubiera retornado a los amigos, y se adoptaron medidas especiales para minimizar las consecuencias de los problemas serios, lo que abrió perspectivas de soluciones a mediano plazo.

Concluida la discusión y programadas las instrucciones que podrían atender y disminuir las preocupaciones generales, un aire de esperanza animó a todos, quienes pudieron conversar con más serenidad y respeto ante las diversas opiniones, merecedoras de consideración.

Nos dirigimos hacia los ambientes donde se desarrollaban las actividades espirituales, y pudimos participar de las labores de socorro a los desencarnados, que eran conducidos allí para descansar, con miras a su posterior traslado hacia las comunidades en las cuales serían internados.

Seguidamente, fuimos a visitar el departamento de asistencia a los enfermos mentales y los obsesos, y recordamos la *Casa del Camino*, en la estrada hacia Jope, cercana a Jerusalén, donde Pedro, Santiago y Juan vivían siguiendo el Evangelio, después de la ascensión del Señor.

¿Cómo podían atender a la multitud de desventurados, con los escasos recursos de que disponían, en aquellos lejanos días? El Psiquismo del Maestro los sustentaba, y aportaba socorro a aquellas diversas escenas de perturbación psíquica, de posesiones, de miserias de toda clase, de enfermedades que consumían y provocaban deformaciones, de pústulas generalizadas, de sufrimientos inenarrables.

La presencia de esos apóstoles del amor y de la caridad exteriorizaba energías poderosas, que revitalizaban a los necesitados, aliviaban sus sufrimientos y las angustias de sus corazones, dispensándoles esperanza de paz, incluso con posterioridad a la muerte.

En la actualidad, rica en conocimientos y técnicas, pero pobre en sentimientos de fe y de abnegación, el trabajo es más arduo porque está acompañado por las exigencias que imponen las leyes, algunas veces arbitrarias, en las cuales el amor cede espacio al tecnicismo remunerado.

No obstante, podíamos constatar la grandiosa potencia del Evangelio, que elegía a servidores fieles para atender el dolor en sus múltiples facetas, con los recursos de la oración, de la ternura, de la fluidoterapia y, simultáneamente, con los valiosos conocimientos científicos.

Los *dos mundos* se mezclaban allí con más vigor, en la masa de desencarnados y encarnados que luchaban, que se socorrían, en un intercambio amparado por los resplandores de la Doctrina Espírita.

14

PROVIDENCIAS SALVADORAS

Cada vez que en plena lucha se recibe una provisión de energías y orientaciones saludables, es necesario conservar la mente en los objetivos superiores, evitando las reflexiones enfermizas, que restablecen el clima de morbidez anterior y atraen a los cómplices del mal, los cuales se regocijan con la situación.

No fue exactamente eso lo que sucedió. Cuando pasaron aquellos momentos de casi euforia y pacificación, uno de los compañeros más atormentados volvió a los pensamientos anteriores, pues consideraba que, a pesar de las buenas resoluciones, estas no bastaban para el restablecimiento del equilibrio de la Institución. Juzgaba muy necesaria una actitud radical: la destitución de los actuales directores y una nueva elección, con él al frente de los destinos de la Casa. No se daba cuenta del desequilibrio del que era portador.

Es verdad que los demás directores no habían procedido con la seguridad ni la corrección que las circunstancias exigían, pero él también formaba parte del Consejo administrativo, y todos los errores que señalaba en los otros habían recibido su consentimiento, de modo que también era responsable.

En esos momentos, la ceguera impuesta por el egoísmo lleva a sus víctimas al desvarío, y las vuelve peligrosas.

Mantenía una deuda significativa con un perverso adversario desencarnado -quien por entonces se vinculaba a las huestes adversarias del Cristo Jesús- que pesaba en su economía moral, de modo que, nuevamente influenciado por él, permaneció rumiando comportamientos antagónicos, cultivando antipatías personales, a las que confundía con el falso esmero que demostraba, lo que lo convertía en *piedra de tropiezo*. Hábil en la maledicencia, sabía enredar a las personas honestas que lo escuchaban; con facilidad atraía a los escasos de vigilancia, y difundía rumores ofensivos, insinuaciones perniciosas sobre unos y otros, señalando conductas que -según afirmaba- no eran compatibles con los estatutos del Centro Espírita ni con la Doctrina Consoladora.

Al llegar a su hogar, sometido a la presión del enemigo -que volvió a asediarlo-, se puso a escribir mensajes a los amigos que compartían sus ideas, dispuesto a seguir creando obstáculos perjudiciales para la tarea de restablecimiento de los valores de la Institución.

Por su parte, el Dr. Bezerra de Menezes, dado que preveía que ese accionar sería desastroso para la labor de restablecimiento del equilibrio de la obra, consultó al guía espiritual de la Casa y organizó una reunión mediúmnica especial para atender con exclusividad al paciente y a su adversario desencarnado.

En las primeras horas de la madrugada siguiente, nos reunimos -aquellos que nos encontrábamos dando cumplimiento a una tarea especial-, con algunos de los servidores dedicados al intercambio mediúmnico.

La señora Margó, una viuda colaboradora y médium sensible, fue invitada con afecto y respeto. Ella estaba habituada a atender a los hermanos que sufrían más allá de la tumba.

El presidente de la Sociedad y otros miembros del Consejo fueron trasladados -en desdoblamiento durante el sueño fisiológico- hasta la sala donde se realizaban las reuniones habitualmente, y con la caritativa supervisión del *Médico de los pobres* -además de la cooperación de los abnegados compañeros-, se dio comienzo a la actividad de socorro.

Al pronunciar una conmovedora exhortación a Jesús, el benefactor suplicó sus bendiciones para la labor que habría de realizarse. Acto seguido, se aproximó al aturdido paciente, apartó de su aura al obsesor, y condujo a este hacia el campo mediúmnico de Doña Margó.

De inmediato, el rostro de la abnegada sensitiva se transfiguró. Vimos que se transformaba en una máscara de odio, y con la voz estertórea comenzó a imprecar.

Se percibía la ira del comunicante, que había sido tomado de sorpresa, ya que no pasaba por su mente un acontecimiento de tal naturaleza.

Después de pronunciar palabras vulgares, se dirigió directamente hacia el benefactor y lo desafió con atrevimiento:

-Ustedes, los discípulos del *Cordero*, son paradojales. Predican la compasión y la ternura, la conmiseración y la caridad; sin embargo, proceden de una manera ilícita y violenta. ¿Cómo se atreven a envolverme en sus lazos vibratorios sin mi anuencia, y me traen obligadamente a este conciliábulo para destruirme? ¿Desean repetir las hazañas ultrices de las hogueras de la Inquisición, o qué tienen en mente?

Sereno, y con una inflexión de bondad en la voz, el mentor afirmó:

-No te hemos impuesto nuestra voluntad al traerte a esta reunión contra tu deseo. Nuestra preocupación es atender al compañero que está padeciendo tu penosa imposición y, para ese menester, hemos tenido que recibirte. Como te hallas profundamente vinculado a él, fuiste atraído hacia aquí, de modo que hemos preferido dialogar contigo, en vez de apenas escucharte.

-¿Y si yo no estuviera dispuesto a ese diálogo? Porque tengo suficientes razones para proceder así. No serán palabras vacías ni intenciones sentimentales de generosidad, las que modificarán nuestra convivencia multisecular. Este fantoche al que tú te refieres, y del cual me valgo, es de gran utilidad para mí en la batalla que libramos contra los fanfarrones espíritas. Se dicen herederos del Evangelio, pero no pasan de mistificadores; son una burla que aumenta de volumen, a semejanza de lo que hicieron en el pasado, cuando, con otra denominación religiosa, decían que mataban por orden de Dios. Por cierto, ahora ya no matan al cuerpo, pero hieren profundamente el alma, a través de calumnias bien urdidas, de campeonatos de vanidad, de disputas por las glorias terrenales, que enmascaran de falsa humildad.

"Considérese, por ejemplo, el desmoronamiento en el que caen esos divulgadores de la honra, cuando no la tienen; sembradores de la fraternidad, que se devoran entre sí; obreros de la caridad, que no respetan el hogar ni la familia, luchando siempre por las migajas del placer y las mezquindades del poder."

-Comprendemos tus manifestaciones, y lamentamos que sean realidad algunas de ellas. Sin embargo, es necesario convenir en que, si no fuese por las situaciones obsesivas que padecen nuestros hermanos enfermos, el panorama sería muy diferente. Tengamos en cuenta tu propio caso. Justificándote con el disgusto personal, ya que habrías sido víctima de la pusilanimidad de aquel que te hospeda psíquicamente, lo indujiste al desorden; te aprovechaste, naturalmente, de su temperamento inestable y colérico, de sus malas inclinaciones -que todavía no consiguió superar-, y lo convertiste en un mal ejemplo.

"Todos tenemos los pies sumergidos en pantanos putrefactos, que son remanentes de lejanos períodos, cuando los impulsos de los instintos básicos eran más poderosos que los sentimientos elevados de amor y de fraternidad, y cuando la ignorancia de las Leyes de la Vida dominaba las mentes y las emociones, dando la idea de que la tumba significaría el final de la existencia, y el ser -con dificultad- ascendería a la cúspide de la fe luminosa, que nos arranca de las sombras dominantes.

"Tú, querido hermano y amigo, que te hallas ahora en el mundo de las causas, bien sabes que nadie consigue la gloria celestial después de la muerte -ni la armonía antes de ella-, si tiene deudas de conciencia en relación con la Vida. De ahí resulta el enredo entre aquellos que se permitieron comportamientos infortunados, algunos por exigir rescate y otros por padecer las cobranzas, mediante lamentables procesos obsesivos, que aún no han sido suficientemente estudiados en la Tierra.

"Lo que importa, sin embargo, es el tiempo que has invertido en provocarle aflicción, para que permanezca desdichado, cuando ya podrías haberte liberado de él, aun cuando tuvieras que continuar sometido al yugo de la recuperación, del cual nadie escapa."

-Tengo que desenmascararlo -insistía el desdichado-, para convertirlo en el enemigo de todo y de todos; para que resulte antipático por su pretendido puritanismo, por sus actitudes de suma exigencia para con los demás, y de piedad para con él mismo… Luego, incidiré sobre su conciencia para que despierte y, mediante una conveniente acción hipnótica, lo conduciré a la depresión, hacia la cual tiene fuertes tendencias, y disfrutaré con su vergonzoso suicidio.

"Así obtendremos dos victorias. La primera de ellas, el ejemplo de un adepto de la Doctrina -cuyo principio es la inmortalidad- que cae en el suicidio, demostrando que, en verdad, no creía en lo que aparentaba vivir. La segunda, el fracaso personal, que me dará la oportunidad de recibirlo aquí para dar continuidad a nuestro combate, pues no tendrá cómo huir, ni hacia dónde."

Ante una señal casi imperceptible, que fue captada por el hermano Germano Passos, este se acercó a la médium, y empezó a aplicarle pases que también llegaron al comunicante, el cual blasfemaba en un lenguaje muy vulgar, amenazando con el exterminio de su víctima.

Pudimos observar un detalle curioso. La médium, educada y moralizada, filtraba las palabras vulgares, y el automatismo cerebral las sustituía por términos equivalentes, pero de menor intensidad injuriosa…

Todos los miembros de la reunión estaban conmovidos, y hacían reflexiones acerca de las sutilezas de la existencia física. ¡Cuántas actitudes lamentables se adoptan, en la suposición de que abundan razones para ello y, sin embargo, son inspiradas por potencias deletéreas, de seres que se complacen en generar conflictos con los cuales se benefician! Arribaban a la conclusión de que todo aquello que sucedía en la Institución, dedicada a la caridad, era resultado de una intriga urdida por las Tinieblas, y de las brechas morales de sus miembros, que daban lugar a los desastres que en ese momento sacudían sus cimientos.

Como se sentía asfixiado por los fluidos benéficos que captaba a través de la médium, el perseguidor retrucó:

-Todo intento de alejarme de este miserable enemigo, será inútil. Voy a utilizarlo durante la campaña de destrucción de este reducto de pusilánimes, que viven a costa de la caridad ajena, asumiendo posiciones de mando -como los antiguos cardenales de la vetusta iglesia romana. Además, no veo cambio alguno entre el Cristianismo actual y aquel que tanto censuran, el de la iglesia de Roma. Han cambiado las formas, pero conservaron los mecanismos de torpe dominación de las masas ignorantes. Cada miembro del Consejo es un pseudosabio, arrogante y áspero en el trato. Basta con una negativa, y de inmediato se vuelve un tirano, porque se siente ofendido y exige un trato especial. ¿Dónde está la verdadera fraternidad, el amor a los pobres malolientes, que abundan en todas partes? Estas, como muchas otras, son obras exteriores para llamar la atención, para la propaganda; les falta el auténtico espíritu del amor y la caridad. Ya no soporto las apariencias de esos pusilánimes, y adhiero a la nueva orden impuesta por los judíos, a quienes no se ha hecho justicia, para que erradiquemos de la Tierra esa maldita secta que es el Espiritismo.

-Sin duda, hermano, eres muy hábil para utilizar sofismas. Existe, por cierto, mucha *tarea de fachada*, como se dice vulgarmente; no obstante, la cantidad de logros que llevan el sello de la mansedumbre del Cristo y de los brazos gentiles de la caridad, inspirada por la fe racional, no puede contabilizarse. Los buenos árboles no son responsables de los de mala calidad, como tampoco el trigo saludable lo es por la cizaña que prospera junto a sus raíces, amenazándolas.

"El bien, sea legítimo o aparente, siempre es responsabilidad de quien lo realiza. Veamos tu caso, hermano. Eres lúcido y razonas correctamente; sin embargo, optaste por el camino ilícito del crimen, y tratas de vengarte en la condición de justiciero, como si el Universo necesitara tu intervención para conservar el equilibrio.

"Es preciso tomar en cuenta que quienes actúan de un modo delictivo, porque proceden de una forma pero sienten de otra, ya están practicando una acción generosa y edificante, en vez de someterse a las tramas perversas de la criminalidad y la persecución inútil a sus ofensores. Por eso, querido amigo, el amor es el alma del mensaje de Jesús y, por más que intentes ser nuestro enemigo, especialmente del hermano enfermo al que obsesionas, jamás dejaremos de ser amistosos contigo, aunque lamentamos tu comportamiento, la pérdida de la oportunidad para que seas feliz, para que interrumpas ese curso de acciones nefastas e injustificables.

"Además, observa cuántas personas se dedican a la práctica de la fraternidad y de la acción benéfica desde que Jesús estuvo con nosotros. Es cierto que aún nos encontramos lejos del ideal, pero estamos en el camino y, oportunamente, alcanzaremos la meta hacia la cual nos dirigimos."

-No me interesan tus argumentos -insistió el obsesor-, porque desvían mi atención del objetivo, que consiste en la espada lista para asestar el golpe final al miserable.

-Eso es lo que tú piensas, pero no se corresponde con los sublimes designios de Dios, porque tu verdugo de ayer también es un hijo de Dios, que se está convirtiendo en víctima debido a tu actitud vengativa.

"Hermano, tú dices que fuiste torturado por la infamia y la crueldad, lo que es cierto. Pero no eres una víctima inocente. En los archivos de la memoria profunda están registrados nuestros comportamientos, Y como no tenemos alternativa, nos permitiremos sugerirte, querido hermano, que retrocedas hasta el momento previo a que padecieras aquella lamentable circunstancia."

Nuevamente, el hermano Germano Passos se acercó a la médium y, con una voz suave, monótona, dio comienzo a la sugestión:

-Duerme y recuerda. Duerme, y retrocede en el tiempo… Duerme…

Simultáneamente, le aplicaba pases longitudinales, calmantes, que parecían liberar al periespíritu de los recuerdos actuales, e inducía al Espíritu a que se sumergiera en los archivos más profundos.

Fue como un rayo. De inmediato, el comunicante comenzó a debatirse y a hablar desordenadamente de acuerdo con lo que identificaba en su mundo íntimo.

Alrededor del siglo XII, en plena Edad Media, él había sido un rico judío polonés, que explotaba a las personas que lo buscaban necesitadas de ayuda económica.

Avaro y carente de sentimientos, era implacable con aquellos a quienes prestaba sumas de dinero, cualquiera fuera el importe.

Aquel que hoy padecía en sus garras perversas, se había enredado en negocios que fracasaron, y no podía pagarle, mientras que su familia se encontraba en una situación deplorable de miseria: hambre, niños enfermos, sufrimientos... Insensible, el cobrador recurrió a las autoridades, que lo condujeron a un juzgamiento indigno, y castigaron al deudor con inclemencia, para luego arrojarlo en un calabozo infecto, donde falleció a raíz del hambre y las enfermedades que contrajo en esa lamentable situación. La familia, completamente arruinada, también fue consumida por las enfermedades y por la muerte, a medida que transcurrieron los meses.

Dominado por el espanto, gritaba:

-¡No, no soy yo ese infame! ¡Sí, sí soy yo, lo recuerdo! Era exactamente lo que yo hacía. Al final de cuentas, el préstamo no era una donación, y el perezoso no quería pagarme lo que me debía. Por mi parte, justo y bueno, lo ayudé, pero no podía correr el riesgo de quedarme en la miseria, sin la debida recuperación de la suma que le había prestado.

-¿Consideras -le preguntó el mentor- que fue justo el método de cobranza que impusiste de manera implacable a quien estaba devorado por la desesperación y sin ningún recurso para el resarcimiento? En el caso contrario, si tú fueses la víctima, ¿cómo procederías? Ponte en el lugar del otro, y piense qué te gustaría recibir... Él murió, pero no se consumió; y el odio que lo dominaba se encargó de perseguirte en la vejez desdichada, y en una futura reencarnación, cuando se habían modificado los panoramas. Tú renaciste nuevamente como judío, y entonces volvieron a encontrarse. Por eso tu víctima te quitó todas las monedas que en el pasado habían dado lugar a su prisión injusta y al decreto de su muerte infamante.

"¿Supones que es justo que se repita indefinidamente esa complejidad de cuentas: víctima-verdugo-víctima? ¿No crees que se puede interrumpir ese curso trágico, mediante la paz que hará bien a los dos, y la fraternidad que los elevará a la misericordia de Dios, el Padre compasivo?"

Nuestro hipnotizador continuó, un poco más, con las energías dispersivas en la región del *chakra frontal*, para activarlo, a fin de que los recuerdos fuesen nítidos.

Escuchábamos las consideraciones del comunicante, pero también veíamos lo que él recordaba, como si fuera un verdadero filme cinematográfico. Escenas aberrantes resurgían de los panoramas de su memoria, en una continua sucesión, hasta el momento en que el atormentado gritó, porque no soportaba más las evocaciones de aquello que lo había convertido en un desdichado…

Los amigos reencarnados no veían nada; solamente escuchaban los comentarios del hermano afligido, y se compadecían de sus antiguos padecimientos.

-Por cierto -prosiguió el mentor, con ternura-, los sufrimientos que tu ambición impuso a todos esos infelices, no debían ser cobrados por ellos, porque las Leyes Soberanas de la Vida no contemplan la posibilidad de que se *haga justicia por mano propia*, dado que nadie escapa de sí mismo, de sus propios actos, y ahora o más tarde es convocado a la reparación de los males que ha practicado. No obstante, en la furia de la desesperación, incluso inconscientemente, él sació su profunda sed de venganza, abriendo un pozo de desgracias que aún continúa asfixiando vidas…

"Lo mismo sucede contigo, hermano, pues no tienes derecho a convertirte en árbitro de tu propia causa, ni a establecer comportamientos perversos de falsa justicia."

Nuestro amigo Germano invitó al paciente a que retornara a la actualidad, con la voz mansa e hipnótica.

Vimos, entonces, cómo funciona el poder del arrepentimiento, pues el atormentado verdugo bramó:

-¡Me rindo! No estoy convencido, pero he sido derrotado. Mis fuerzas se agotan, siento que me falta el aire, el equilibro; me parece que estoy muriéndome de nuevo.

-En efecto, mi amigo. Se están diluyendo las formas-pensamiento que has conservado durante siglos de hediondez. Es necesario que esa niebla de rencor se disipe, para que brille la luz de la esperanza y de la solidaridad.

"Por ahora, es suficiente con que te decidas a cambiar de comportamiento y te entregues a Jesús, el Mesías de la clemencia y la compasión. Él te recibirá como a una oveja descarriada que se aproxima al aprisco."

-¡Oh! ¡Dios de Abraham, de Isaac y de Jacob, ten misericordia de mí!

(…) Y el generoso médico hipnólogo lo retiró de la médium, que respiraba agitadamente.

Se aplicaron recursos fluídicos a la intermediaria que había contribuido a la liberación del hermano enfermo, y presentaba la fatiga que, lógicamente, era consecuencia del agotamiento de las energías anímicas que poseía.

Más tarde, se hallaba completamente reanimada, y el benefactor se comunicó para invitar a todos los presentes a un radical cambio de conducta, tanto en lo mental como en lo social, en relación con las luchas redentoras:

—Vivimos la hora de la gran crisis, y la vemos presente en todos los sectores humanos, cada uno de ellos marcado por la necesidad de transformación. En este momento, dos culturas se enfrentan: la que desaparecerá, después de muchos padecimientos, y la que se implantará, renovadora y fraternal. La humanidad está exhausta por las guerras interminables, que son la consecuencia del egoísmo de minorías violentas y desequilibradas, que aún no han entendido las honrosas finalidades de la existencia física.

"La revelación de los Inmortales tiene como objetivo despertar todas las conciencias hacia la comprensión verdadera de los procesos de la evolución, que ocurren a pesar de las crisis de todo tipo.

"Cada ascensión se realiza con dificultad, y ninguna conquista se logra sin la contribución del sacrificio.

"Todos aquellos que conocen y que comparten el conocimiento de la inmortalidad, tienen el impostergable deber de cooperar en favor del mundo mejor. La responsabilidad de los cristianos, en este momento, está perfectamente definida, como ocurrió con los mártires que no rechazaron el cáliz de la hiel, ni el testimonio mediante la entrega de la existencia, a fin de que los paganos pudiesen constatar que el mundo de las ilusiones se diluye ante la gloriosa inmortalidad, que permanece.

"Todos podemos convivir juntos y afables, incluso cuando tenemos opiniones diferentes, respetándonos unos a otros y colaborando, juntos, en favor del bien general.

"Sean, pues, dejadas a un lado las rivalidades impuestas por el orgullo y la presunción, por las ambiciones injustificables y los desequilibrios emocionales. La muerte nivela a todos en la tumba, pero permanecen diferentes los valores que cada cual posee.

"No existe otra alternativa para que la paz se establezca entre todos los trabajadores del Evangelio. Que cada uno dispute la honra de servir mejor, de apagarse en el anonimato de la compasión por los más pobres y sufridores, para convertirse en un ejemplo de abnegación, conforme con el ejemplo del inolvidable Maestro de Nazaret.

"Debido a la presencia de personas humildes y amantes de nuestro reducto de socorro, sus plegarias y sus preocupaciones han llegado al Señor, que escuchó sus súplicas y las atendió, enviando trabajadores desde lo Más Alto, para que sean interrumpidas las agresiones de las Tinieblas, y se recuperen los patrimonios de amor y bondad para con todos.

"Nadie se dirige hacia el abandono, pues siempre recibimos la asistencia de las fuerzas del Bien innominado, al cual debemos entregarnos sin exigencias ni reclamos. Si procuramos entender los designios de la Divinidad, que siempre tienden al progreso y la felicidad de los Espíritus, resulta más fácil el trayecto, y menos penosas las aflicciones, incluso cuando somos invitados a los rescates más severos, lo que proporciona alegría y bienestar.

"Conceded al otro, a aquel que se os opone, el derecho de pensar de otro modo, sin permitiros entrar en un combate ideológico, por vanidad o deseos de someterlo, porque la verdad absoluta solamente es conocida por el Padre.

"Disputad, pues, el buen combate, a fin de que, cuando hayáis concluido vuestra tarea terrenal, podáis *dar cuenta de vuestra administración*, como manifestó el após-tol Pablo, al concluir su luminoso periplo en la carne.

"Sed gentiles en el hogar, en la calle, en la comunidad religiosa y deportiva, en el trabajo, dondequiera que estéis, pues el sello de la mansedumbre del Cristo os hará conocidos e imitados.

"Imploramos al Señor sus bendiciones para este momento, y para los momentos venideros. Si bien reconocemos que la lucha aún no ha terminado, ahora contáis con más eficientes instrumentos para el combate en nombre del Bien."

Guardó silencio, mientras lágrimas de emoción se escurrían de los ojos de quienes estábamos allí presentes.

Varios de los Espíritus que se complacían en generar problemas en la grey, también habían sido trasladados para que participaran de la reunión y, al escuchar las dignas orientaciones, no pudieron sustraerse a la emotividad ni a la nostalgia de Jesús, el Amigo verdadero de todos nosotros.

Se pronunció la oración de cierre, y los encargados de conducir a los participantes hasta sus hogares se pusieron en camino, dejando el santuario sumergido en una tenue claridad, que impregnaba el ambiente.

Algunas de las Entidades que trabajaban en el Núcleo proseguían con su labor, mientras que nuestro grupo retornó a la sede donde nos hospedábamos.

La madrugada todavía se encontraba envuelta en las sombras, aguardando el rostro luminoso del amanecer.

Una alegría silenciosa nos dominaba, porque constatábamos la victoria del amor en relación con el odio, del Bien en relación con el Mal, y sentíamos una gratitud, imposible de definir, por contarnos entre aquellos que habían sido invitados a participar de la labor.

Los desafíos iban a proseguir, por cierto, porque las luchas robustecen las fuerzas, pero las circunstancias -entonces- serían otras, y los corazones estarían equipados con los recursos apropiados para la tarea de autoiluminación y de compasión hacia los agresores.

<h1 style="text-align:center">15</h1>

ESCLARECIMIENTOS OPORTUNOS

Había, entre nosotros, un silencio en el cual se traslucía el júbilo. Sin embargo, en nuestra mente se agitaban diversas preguntas, que el benefactor percibió. Así, con mucha discreción, nos explicó:

-Estamos en una guerra declarada. Las fuerzas del Mal, que un día prácticamente dominaron la Tierra -en el período de la Inquisición-, y los fanáticos espirituales de antiguas doctrinas, que detestan a Jesús, se han unido, a pesar de las diferencias de convicciones, en el mismo campo de batalla, contra Aquel que consideran su enemigo común. Ante la imposibilidad de alcanzarlo directamente, diseñaron un plan inteligente y sórdido, en relación con los nuevos cristianos -los espíritas en particular, y las personas de bien, en general-, para un combate en el cual el amor debe ser afectado de tal manera que se convierta apenas en una forma vulgar de expresar sensualidad o interés, como ha estado ocurriendo. Dado que el amor es el sentimiento más elevado, que se sustenta en la amistad, interfieren en el comportamiento de los que se hallan poco atentos, y les infunden presunción y soberbia, a fin de intoxicarlos, con lo cual abren brechas para las desuniones y los crímenes de variada especie, saturando la sociedad con sus arbitrariedades y sus ejecuciones hediondas.

"La ola de violencia generada por los odios, tanto ancestrales como actuales, se agranda de tal manera que las personas de buenos propósitos se ocupan ahora de resguardarse, de proteger a la familia, de no comprometerse con ideales que los pongan en peligro. Disminuye la solidaridad, y un resentimiento sordo, hecho de agitación y de amargura, prácticamente se convierte en un hedor pestilente que ataca a la comunidad terrestre.

"Los medios de comunicación, que se complacen en vender alucinaciones y pavor, sin el menor respeto por los sentimientos humanos, y con el pretexto de informar, realizan un verdadero lavado cerebral, en que el mal predomina, e invitan al ciudadano a una alerta armada, insinuándole que él podría ser la próxima víctima. Al mismo tiempo, estimulan los deportes radicales, sin consideración alguna por la existencia física; encomian los festivales alucinados de drogas y de sexo, que congregan a cientos de miles de jóvenes y adultos, frustrados unos, cansados otros, de sus propios excesos; y hacen que reine el miedo, la inseguridad, la incertidumbre, el vacío existencial.

"Por cierto, existen nobles excepciones, pero en general las estadísticas del crimen son asustadoras, y vienen acompañadas de enfermedades intempestivas, que surgen y desaparecen -devorando vidas-, así como de virosis extrañas y particulares, que significan amenazas tenebrosas...

"Con todo, estos días no son una sorpresa para los estudiantes del Evangelio de Jesús, porque han sido anunciados con detalle en los escritos luminosos, y serán tan terribles, que el Hijo intercederá ante el Padre para que sean aliviados, ya que si no fuera así, casi nadie resistiría..."

Hizo un silencio oportuno, a fin de facilitar la asimilación de su mensaje, y prosiguió:

-La llegada del Consolador al planeta terrestre forma parte de las promesas del Señor, a fin de que los seres contemporáneos dispongan de informaciones seguras sobre cómo comportarse en este momento desapacible y, al mismo tiempo, para que haya concienciación acerca de los valores éticos y de los deberes de la solidaridad humana: única forma de sobrevivir a los acontecimientos alimentados por la venganza.

"Como sabemos, más de cinco centenares de grupos especializados en desobsesión y socorro especial -como el nuestro- se encuentran en la Tierra, con el patrocinio de la venerada Embajadora de Jesús que nos convocó y nos anunció las luchas arduas que trabaríamos, todas vinculadas al amor, que es la única terapia para la enfermedad del mal que existe en el espíritu, y en él debe ser tratada.

"Aún no hemos alcanzado el punto culminante de los dolores y los conflictos. No obstante, por otro lado, son innumerables los resultados eficaces de los esfuerzos emprendidos por los trabajadores del Más Allá, en forma de socorro.

"Al igual que algunas Instituciones espíritas-cristianas sitiadas, otras Organizaciones sociales y administrativas del mundo están en proceso de recuperación, después de que han eliminado algunos focos de deshonra y de ultraje. Luego de modificar reglamentos, de una manera más compatible con las finalidades políticas, económicas y sociales, han apartado a algunos de los miembros cuyas mentes estaban dirigidas por los adversarios de la Verdad, o consiguieron despertar a jueces dignos, independientes del poder totalitario y económico, para que denunciasen las inmoralidades administrativas, los complots de organizaciones criminales formadas por personas falsamente inatacables, y las llevasen a la cárcel después de que confesaran sus escabrosos comportamientos, y de que algunos fueran obligados a devolver los valores desviados, cuyo origen estaba en los sobornos y en las acciones ilícitas practicadas con sonrisas y en escarnio de la honradez y la dignidad humana...

"La ola de intentos de moralización de los gobernantes incapaces -protegidos además por negociaciones partidarias-, que pone en evidencia sus vicios y sus extravagancias administrativas, con robos multimillonarios, es también obra de los honorables Espíritus encargados de trabajar en ese menester, incluso con el renacimiento en la carne de muchos de ellos, especialmente capacitados para tal fin.

"Las autoridades, más que los otros individuos, tienen el deber de comportarse de manera honrada, a fin de que se conviertan en modelos de quienes están bajo su gobierno. Para eso son muy bien remunerados, de modo que no necesitan cometer los actos reprochables a que se entregan. Cuando existe corrupción en los altos escalones del mundo, los demás segmentos de la sociedad se contaminan y siguen sus ejemplos nefastos.

"Por esa razón, los mentores de la humanidad se encuentran preocupados por el estado actual del planeta, y se hallan vigilantes, realizando constantes intentos para modificar esa viciosa conducta, que ha sido responsable de la decadencia y la desaparición de muchos imperios y civilizaciones del pasado, después del apogeo que alcanzaron...

"La mancha permanece, pero se están adoptando providencias trascendentales para que haya un cambio radical en los hábitos criminales, y para la vivencia de los códigos de respeto a los deberes asumidos.

"En la actual circunstancia, equipos especializados están trabajando vigorosamente para que sean extirpados los viejos cánceres que han devorado el patrimonio público de las naciones, lo que hace más difícil la prosecución de la liviandad ultrajante; y pronto surgirán los primeros frutos de esta siembra inigualable."

Nuevamente guardó silencio, y haciendo un intento para captar nuestras preguntas, agregó:

-La atención especial que hemos hecho al adversario de nuestro hermano, perturbado y perturbador, influirá significativamente en su conducta. El paciente despertará conservando algunas reminiscencias de la comunicación, y decidirá -aún con inspiración superior- apartarse del grupo para no crear más problemas, mientras sus pensamientos y sus actos definirán si prefiere liberarse de la presión obsesiva, o proseguir sometido.

"La sociedad carga muchos fardos onerosos sobre los hombros, en razón de su inmadurez espiritual y del predominio de las pasiones primitivas. La gran mayoría de sus sicarios y explotadores renacen envueltos en propósitos elevados, pero en contacto con los cómplices y con los antiguos esquemas de crueldad no han tenido la resistencia necesaria para redimirse, y han reincidido en los desvíos perjudiciales. A su vez, la Divinidad los reenvía en expiaciones muy inquietantes, encarcelados en el cuerpo, en silenciosas aflicciones, en limitaciones aberrantes, a fin de que aprendan a valorar la oportunidad de proceder según el Bien. Nunca hubo tanto desarrollo de las ciencias vinculadas a la salud, ni tantos problemas genéticos irreparables incidiendo en las mentes, en las emociones y en los cuerpos de los condenados y los pertinaces.

"Aquello que denominamos *civilización* está muy alejado de los modelos de respeto a la Naturaleza y a la vida en toda sus expresiones, especialmente en relación con el ser humano y sus múltiples intentos de autoiluminación, de crecimiento moral interior.

"Con todo, debemos conservar una actitud optimista, porque Jesús es quien comanda la gran nave terrenal, conduciéndola a un puerto seguro, y aguarda que hagamos nuestra parte, en la condición de colaboradores invitados por Él al ejercicio del amor y de la compasión.

"Aprendamos, pues, a servir sin murmurar, comprendiendo que el enemigo es alguien que ha perdido el rumbo, de modo que proyecta sus angustias y aflicciones en el otro, en aquel de quien se convierte en adversario, ya sea por herencia de la reencarnación o por imposición del progreso moral."

En ese momento, penetramos en el edificio que nos daba albergue.

La bella e importante construcción irradiaba una diáfana claridad, que brotaba de su interior a modo de exteriorización de los reflejos del amor que allí se experimentaba, a pesar de la crisis de que estaba siendo objeto.

En ese momento tenía lugar una actividad socorrista, pues el bien nunca cesa en su obra. Por nuestra parte, nos dirigimos al ámbito destinado al reposo, para descansar y reflexionar.

Mientras reposábamos, en un lecho confortable, podíamos ver el cielo repleto de astros que brillaban, sugiriendo conquistas en relación con el infinito, que a todos nos aguarda.

Me preguntaba cómo era posible que, al adoptar una creencia religiosa que enseña el amor y la fraternidad, nuestro primitivismo nos impulsara al absurdo de la intolerancia, al punto de que nos destrozáramos los unos a los otros, devorados por los odios consecuentes de las pasiones más viles.

Tenía información relativa a que, de las casi quince mil guerras registradas en el transcurso de la cultura humana, el ochenta por ciento tenía raíces religiosas y, lo que era aún más preocupante, las de la actualidad conservan el mismo furor que las del pasado distante.

Me acordé del *mulán* y de su extraña comunicación, impregnada de rencor hacia Jesús -pese a que Él fuera respetado por Mahoma-, y de la lucha que desde siglos atrás viene trabando con el propósito de destruir Su mensaje... Pero también se presentó en mi mente la insensatez y la locura de los religiosos que, comandados por el Papa y su corte, lucharon con salvajismo contra los musulmanes, al punto de intentar destruirlos -sin conmiseración- durante las lamentables Cruzadas. ¿Y qué decir de los que atacaron desde el principio a los cristianos acusados de heréticos, y luego a los protestantes y a los nuevos creyentes, y luego estos a aquellos?

Las luchas destructoras entre los musulmanes chiitas y los sunitas, confundiendo las cuestiones religiosas con los poderes políticos del gobierno terrestre, ¿no desmienten acaso los contenidos doctrinarios cuya base es la conquista de la vida espiritual plena?

Las criaturas humanas estamos aún muy distantes de la paz, envueltas en las pesadas tinieblas de los sentimientos de venganza y de las ansias de poder en el mundo contingente, con el olvido casi total de la inmortalidad.

Si las victorias terrenales fuesen consideradas experiencias breves e ilusorias, sería fácil constatar que la verdadera victoria es la de naturaleza interior, la que dulcifica al ser y lo convierte en hermano de todos los seres. Sin embargo, los instintos agresivos se sobreponen con vigor e impiden el discernimiento de la razón, que produce el equilibrio. A pesar de todo, nuestro deber es continuar anhelando la plenitud, y trabajar sin descanso, con entusiasmo, para que más rápidamente se implante el Reino de los Cielos en los corazones.

Somos piezas importantes en ese inmenso campo de acciones, porque la transformación moral de cada persona influye para mejor en el cambio del grupo social. Es innegable la victoria de Jesús en el mundo anestesiado por los sueños, que se transforman en pesadillas de poder engañoso.

La mínima parte que nos cabe, tiene un profundo significado en el conjunto.

Emocionado hasta las lágrimas, tuve la impresión de que la cúpula celeste también vertía su llanto de compasión sobre los seres humanos, derramando la luz plateada de las estrellas sobre las sombras obstinadas, que perduraban en la madrugada.

Me quedé dormido, inundado de paz y de gratitud al Señor, que nos honraba con la invitación para trabajar en Su Viña.

Cuando desperté, con las bendiciones del sol radiante, la naturaleza resplandecía de colores y de vida, en una fiesta de inigualable magia.

Al reunirnos, en el momento establecido, nos informaron que nuestras actividades, aquel día, se desarrollarían en un Instituto educativo para niños socialmente abandonados, que estaba amparado por la municipalidad local.

Fuimos a visitarlo, conducidos por nuestro venerable director y, al llegar, no pudimos ocultar la desagradable sorpresa, por la indolencia de los administradores de aquel lugar.

La suciedad predominaba, y la despreocupación de los cuidadores era evidente. Se daba comienzo al desayuno en un ambiente tumultuoso, entre gritos y reclamos, palabras groseras y gestos brutales.

Algunos de los niños estaban desnutridos y casi sin higiene, en habitaciones infectas y abarrotadas; hambrientos, inspiraban compasión.

El desorden en todas partes era vergonzoso.

Encontramos a señoras desencarnadas, madres de algunos de los internos, que trataban de aliviar la situación de sus hijos, mientras que Espíritus perversos, portadores de rostros amenazadores, extraían las escasas resistencias de algunos de los pequeños.

Con todo, nuestro objetivo era un empleado de cuarenta años aproximadamente, que abusaba sexualmente de niños varones, y que a su vez era vampirizado por un nefasto desencarnado.

Más de una vez había sido denunciado por algunas de las víctimas, pero ni siquiera había sido llamado a hacer una declaración, y mucho menos apartado del cargo en el que se complacía, pues había un protector político que intercedía en favor suyo.

En ese ambiente hostil y destructor de vidas, trabajaba una joven servidora social, que se esmeraba en el mejoramiento del lugar, poniendo en acción recursos y personas, a fin de dar auxilio a la Institución desprestigiada. Ella se mantenía atenta a la vigilancia sobre el pedófilo y sus víctimas.

Era una espírita devota, que oraba siempre al Señor, rogando socorro para aquellas avecitas implumes, arrojadas al abandono por la colectividad.

En su última súplica, dirigida al Dr. Bezerra de Menezes, le rogaba inspiración para interrumpir la acción criminal de ese funcionario réprobo, a quien los niños temían.

Cuando se captó su pedido, el benefactor nos convocó para atenderlo, de modo que allí nos encontrábamos, compadecidos, a fin de auxiliarla.

Cuando ella ingresó al Internado, había producido una alegría diferente entre los niños y algunos de los auxiliares más modestos.

Adoptó providencias respecto del aseo de una buena cantidad de los internos, mientras preparaba a otros para las clases que tenían lugar allí mismo. Simultáneamente, dio instrucciones para preservar la higiene del comedor.

En medio de ese alboroto, notó la ausencia de un niño de aproximadamente cinco años, que en los últimos tiempos había estado manifestando mucha tristeza y trataba de eludir el contacto con ella y con las demás personas.

Preocupada, suponiendo que le había ocurrido algo, salió a buscarlo en los dormitorios, en el patio... En ese momento, el benefactor se acercó a ella y la indujo a que fuera en dirección a una sala que era poco usada.

Al aproximarse, experimentó una emoción peculiar, que la dominó de inmediato: una intuición acerca de lo que estaría ocurriendo en su interior.

Abrió la puerta, de improviso, y sorprendió al nefasto estafador cometiendo abuso en perjuicio del niño, que lloraba dominado por el pavor, mientras que aquel lo amenazaba con un castigo, completamente poseído por la voluptuosidad de su locura.

¡La escena era terrible! Ella no pudo contenerse, por el impacto sufrido, y se puso a gritar, atrayendo la atención de otros servidores y niños, quienes serían testigos del infame comportamiento de ese adulto inescrupuloso.

Él intentó agredirla y la amenazó, acusándola de calumniadora, ante el espanto de todos y el terror del niño, que la abrazó en busca de socorro y protección.

A consecuencia de este hecho escandaloso, el mentor trasmitió energías a la joven, para devolverle el equilibrio, y ella, aunque estaba temblorosa, delante de quienes habían acudido a la sala del crimen, expresó con voz enérgica:

-¡Esta vez no, bandido! No escaparás de la responsabilidad, y serás juzgado y condenado por tus crímenes repugnantes. Aquí están los testigos y la víctima, a la que someteremos a exámenes médicos, que revelarán la verdad que has conseguido ocultar con cinismo.

El altercado que se produjo, a raíz de las acusaciones de otros funcionarios, que habían sido atraídos al lugar, pronto traspuso las paredes de la Institución y despertó el interés de los transeúntes, mientras que alguien más diligente llamó por teléfono a la policía. Así, antes de que el reincidente huyese o fuese linchado por los violentos del exterior, que estaban indignados por el acontecimiento, llegó una patrulla policial que tomó breves anotaciones de lo que había ocurrido y condujo al criminal a la cárcel.

De inmediato, se hicieron presentes los diarios, la radio y la televisión, que nunca se habían preocupado en contribuir a una mejor administración del Instituto -que funcionaba en un casi total estado de abandono-, y el lamentable acontecimiento se convirtió en el tema principal de los días sucesivos.

El servicio social del municipio, alertado, intentó mejorar la Casa, y adoptó rápidamente providencias para disminuir la situación de abandono que existía, haciendo promesas acerca de modificar las estructuras del edificio y los métodos de educación de los niños que residían allí.

El benefactor, pese a que lamentaba la forma en que se había producido el hecho, agradeció a Dios su intervención para eliminar un foco de degradación y criminalidad, que pervertía a los niños sufrientes y significaba una mancha para sus futuros.

A raíz del tumulto que se instaló, mientras se tomaban medidas apresuradas para determinar la responsabilidad de los involucrados, algunos de los niños fueron trasladados a otras instituciones, a fin de disminuir el impacto sobre ellos, lo que produjo gran aflicción en todos, la cual tratamos de aliviar con los recursos que estaban a nuestro alcance.

La ciudad fue sacudida por los comentarios frívolos, sin que las autoridades, ni siquiera el pueblo, adoptaran providencias concretas para evitar acontecimientos de tal repercusión. El hecho se convirtió en un fenómeno cotidiano más, que pronto pasaría a un plano secundario, hasta que ocurriese algo semejante, o de un efecto moral peor al acostumbrado.

A pesar de la indiferencia humana, la verdad es que ningún ruego al Señor de la Vida, cuando se realiza con unción y fe en el alma, queda sin atender, pues no faltan emisarios del Bien que se encargan de amparar, con premura y afabilidad.

-El escándalo -dijo Jesús- es necesario, pero ¡ay! de quien lo provoque.

Si se tenía en cuenta la gravedad del mal que en ese lugar imperaba, equivalente a un cáncer, no había otra alternativa más que desenmascarar al farsante y abusador, quien respondería -a partir de aquel instante- por la acción sórdida que practicó durante algunos años, ante las miradas complacientes de la corrupción, vigente en todas partes.

Amparada espiritualmente, la joven servidora social fue convocada a declarar en la Delegación de Amparo a la Infancia y la Juventud, de modo que se inició el proceso contra el infractor que, a pesar de que estaba casado y era padre de familia, se comportaba como un delincuente despiadado...

Lamentablemente, la pedofilia es un crimen terrible, aunque no siempre las leyes la reconozcan como tal. Asimismo, según la Organización Mundial de la Salud, es una enfermedad del alma que se propaga en la sociedad, en ocasiones encubierta por legislaciones indignas, y otras veces como un recurso para la asistencia de enfermos delirantes, que no evitan entregarse al nefasto comercio. Son considerados como crímenes, los actos practicados por los pedófilos, tales como la lascivia y el acto sexual con niños, preadolescentes y adolescentes…

En los países pobres, y también en las zonas miserables de las naciones que disponen de poder económico, los padres insensibles y sufrientes venden a sus hijos, cuando aún son niños, para el vil comercio de la prostitución, algunos de los cuales se tornan famosos y apropiados para el denominado turismo sexual infantil, bajo la mirada complaciente de los transgresores inescrupulosos y desalmados.

Ya existen leyes severas y castigos graves en muchos de los países civilizados, por tratarse de un crimen tan horrible que, en las penitenciarías adonde son enviados tales condenados, es necesaria mucha vigilancia para que no sean asesinados por otros criminales, que se rebelan contra tal aberración.

16

LOS DESAFÍOS Y LAS SOLUCIONES

Permanecimos en el Hogar de niños dispensando ayuda a los generosos benefactores espirituales que contribuían en favor de los residentes, incluso sometidos a aquellas lamentables condiciones, mediante la realización de una tarea de limpieza psíquica, para destruir las larvas mentales y los clichés de pensamientos injuriosos que contaminaban el ambiente.

Existen lugares donde impera la negligencia, los cuales se transforman en verdaderos pantanos psíquicos. Sin embargo, incluso ahí, siempre está la luz de la misericordia del Cielo -que se esparce por todo el universo-, pues no faltan Espíritus gentiles que se postulan para prestar servicio en los ámbitos más oscuros y repugnantes. Burdeles, antros de perversión, clubes de degradación, bares de alcohólicos y recintos infectos donde se ocultan criminales, o elegantes casinos y restaurantes, que sirven como intermediarios para el *lavado de dinero* y como lugar de reunión de mafias crueles y organizaciones poderosas, todos esos lugares son laboratorios de experiencias evolutivas para los Espíritus compadecidos de las miserias humanas, quienes iluminados por el Evangelio de Jesús se entregan como samaritanos anónimos, aguardando el momento propicio para contribuir en el despertar de las conciencias obnubiladas por el vicio y por el crimen réprobo, sin cansancio ni rebeldía, llenos de compasión por aquellos que se sumergen en esa terrible fosa.

Jóvenes soñadores, maltratados en el hogar y por la sociedad, manipulados por las cuadrillas de esclavos sexuales, y que ambicionan conseguir un *lugar al sol*, son diariamente congregados como presas fáciles, y arrojados a las calles, a los sórdidos rincones, donde se convierten en *carne para la venta*, hasta que se agotan sus fuerzas y sucumben a consecuencia de las obligaciones indescriptibles a que los someten sus pertinaces verdugos. No muy diferente es el destino reservado a aquellos que sirven a los viciosos ricos y exigentes -igualmente inescrupulosos-, satisfaciendo sus casi inconcebibles patologías. Son las flores juveniles, que se marchitan con rapidez a consecuencia del desgaste causado por las exageraciones que se permiten; es la madurez, que envejece aceleradamente por efecto de los vapores tóxicos de la perversión; es la ancianidad, que sucumbe antes de tiempo dominada por la voluptuosidad de los deseos irrefrenables e insatisfechos. Todos reciben los influjos del bien y del amor, aunque no siempre los registren en el estado de agotamiento o ansiedad en el cual se atormentan...

El Pastor vela por todas sus ovejas, y va en busca de ellas cuando se extravían en los intransitables caminos, pues no acepta que se hayan descarriado. Sabe esperar, porque conoce el aguijón del dolor, que devuelve a la senda a todo aquel que se extravía.

La finalidad de la reencarnación es la conquista del progreso. Nunca se admite forma alguna de regresión a las imperfecciones, incluso cuando las deudas son acrecentadas a consecuencia de la insensatez y los excesos.

Puesto que el Señor dispone de los medios educativos para la redención, Él ofrece siempre al infractor nuevas oportunidades de reparar, hasta el momento en que el Espíritu se impone la cárcel de la expiación para aprender a optar por lo que es mejor para la conquista de su plenitud. Cuando se ha cansado de sufrir, sin ninguna otra alternativa, apela a la Misericordia Celestial, y entonces es ampliamente atendido en el camino de su aflicción.

Cuando el ser humano comprenda que *vivir* es un fenómeno biológico, que *vivir bien* es una conquista placentera, pero que *bien vivir* está conforme con las leyes de Dios que se encuentran instaladas en la conciencia, avanzará con mayor rapidez por la senda del amor y de la caridad: las vías que conducen a la *puerta estrecha de la salvación*.

Dedicamos todo ese día a la renovación de la esfera psíquica de aquel lugar, lo que disminuyó el impacto del lamentable acontecimiento.

A pesar de las densas marcas morales, que quedarían por cierto tiempo, no faltaban personas gentiles, que antes ignoraban la situación deplorable de la Institución, y ahora se ofrecían para ayudar de alguna forma a los niños internados.

Los benefactores habían inspirado a quienes eran portadores de los mejores propósitos, para que se vinculasen mediante pequeñas acciones, tales como ofrecerse para recibir en sus hogares a uno o más niños, a los cuales retirarían de la Institución durante el fin de semana, como premio a su conducta, a sus estudios, aliviando así sus necesidades.

Algunos de los empleados -que se hallaban desmoralizados- sintieron el impacto y, de alguna forma, despertaron a la responsabilidad de contribuir con mayor respeto e interés, ya que para eso eran remunerados. Además, los sentimientos que experimentaban les hacían reproches a sus conciencias -ahora despiertas-, por la indiferencia y la rebeldía con que trabajaban. Cuando el mal prospera, se debe a que encuentra campo propicio, y no es posible acusar a los otros si se omite el aporte de la propia responsabilidad.

Al atardecer, después de la última refección, a pesar del alboroto que caracterizó al ambiente durante todo el día, algunas Entidades infelices habían sido derivadas a otros lugares, y los empleados negligentes se hallaban en estado de alerta. Por su parte, la devota joven fue rodeada de cariño, y se la propuso como administradora interina, mientras se adoptaban nuevas disposiciones a consecuencia de la dimisión automática de la administradora anterior, que raramente se presentaba a cumplir su función.

Cuando finalizamos nuestra labor, la noche descendía suavemente. El Dr. Bezerra nos reunió bajo un árbol frondoso y oró con gran emoción, agradeciendo a Jesús sus bendiciones y su protección, al mismo tiempo que suplicaba apoyo para aquel Hogar, que por fin iba a convertirse en un reducto familiar, y dejaría de ser uno de esos presidios donde quedaban abandonadas las víctimas de la sociedad.

Bajo el brillo de las estrellas, retornamos a nuestra sede. Allí nos aguardaban actividades más complejas, pues se nos informó que se preparaba una invasión de las fuerzas del Mal, prevista para esa misma noche.

Nos dimos cuenta de que había transcurrido un mes desde nuestra llegada a aquella digna Sociedad para cumplir con la labor de moralización de los miembros que se habían desviado de la senda del Evangelio, seducidos por los vanos compromisos mundanos.

Habían llamado nuestra atención otras numerosas actividades, además de las que hemos estado describiendo, todas ellas vinculadas al programa de cristianización de las criaturas humanas, y de devoción a los valores éticos propuestos por el Espiritismo.

No es raro que, después del entusiasmo inicial que se apodera del candidato, cualquiera sea su área de trabajo idealista, ocurra una disminución de la llama vigorosa de la alegría; y no pocos son los que sienten que el estímulo ha disminuido, de modo que se convierten en críticos amargos cuando toman conocimiento de la realidad, que debilita los sueños y las fantasías, o se evaden de ella.

De la misma manera, descuidan los objetivos esenciales y permanecen en la superficie de la propuesta inicial, en busca de desvíos que respondan a sus intereses inmediatos, y diversiones que sirvan de complemento para su trabajo.

En ese período -cuando la vigilancia disminuye- surgen las influencias perturbadoras, originadas en el Más Allá o en la convivencia fraternal.

Lo que antes era jovialidad y encanto, ahora es rutina y desmotivación, de modo que se mezclan los compromisos asumidos con los nuevos comportamientos.

Así, las infiltraciones peligrosas habían penetrado en venerables Instituciones Espíritas, que comenzaron a permitirse asimilaciones peligrosas, junto con la introducción de métodos exóticos, de teorías fantasiosas, de propuestas que carecían de bases doctrinarias, algunas de las cuales llegaban al absurdo de creer que la Codificación kardeciana y el Pensamiento cristiano ya habían sido superados por nuevas conquistas del conocimiento, que en realidad eran portadoras de liviandades, más que de respeto a los elevados deberes de la fe razonada.

El cumplimiento del programa espírita exige seriedad y una vivencia austera, porque constituyen el compromiso que resulta del conocimiento de la realidad del Espíritu, así como de sus implicancias en la existencia corporal.

En ese caso, los Espíritus que se proponían obstaculizar la obra evangélica entre las criaturas humanas, incidían sobre los aspectos morales vulnerables de los adeptos más frágiles o más presuntuosos, para desviarlos de las instrucciones básicas, a fin de generar fanatismo en algunos o comodidad en otros.

Ante ese comportamiento, nosotros no escatimábamos esfuerzos en las visitas a unas y otras Sociedades, promoviendo reuniones con los mentores desencarnados y con los trabajadores sinceros, y adoptando providencias para que se retornara a la simplicidad del comienzo, de conformidad con lo que está registrado, tanto en el Pentateuco kardeciano como en el Evangelio de Jesús.

Nuestro empeño consiste en el retorno a la vivencia del *Modelo y Guía* de la humanidad, a fin de que se instale en la Tierra, cuanto antes, el Reino de los Cielos que Él propuso y ejemplificó.

Siempre nos referimos, en nuestras narraciones -en la presente obra-, a las tareas más significativas, que puedan ser de utilidad para los sinceros estudiosos del Espiritismo, especialmente para aquellos que se dedican a su práctica, sin aditamentos ni bastones psicológicos innecesarios.

El Espiritismo es un ancla segura para la barca de la fe en la inmortalidad, y fuera de él son muy poco seguros los instrumentos reveladores de la continuidad de la vida después de la tumba, puesto que se trata, sin duda, del *Consolador* que Jesús prometió.

Ante la perspectiva de los nuevos servicios, una radiante alegría nos dominó a todos. La expectativa en torno al trabajo específico de desobsesión colectiva, siempre desafiante, nos puso en una actitud propicia para su ejecución.

Poco antes de las veinte horas, el hermano Elvidio nos invitó a un encuentro, oportunidad en la cual nos explicó que los discípulos del *mulán*, junto con algunos judíos rebeldes, habían concertado un plan de ataque a las instalaciones de la Sociedad que nos albergaba, valiéndose de una hábil estratagema.

A poca distancia de la sede de nuestras actividades, había una especie de *Cracolandia*, donde se congregaban adolescentes viciosos, adultos sin techo, traficantes inescrupulosos, ebrios empedernidos, bajo la aparente vigilancia de algunos policías -también carentes de escrúpulos- que los explotaban exigiéndoles propinas, para dejarlos hacer su voluntad... Era un lugar peligroso, pues sus miembros se hallaban en un lamentable estado de degradación de la salud, cualquiera fuese el aspecto en que se la considerase. Algunos eran verdaderos fantasmas, desfigurados; otros habían perdido el equilibrio emocional, y caían postrados en el piso, entre una y otra dosis, cada vez más devoradoras. Los transeúntes, muchas veces, aunque evitaran aproximarse, recibían insultos o agresiones...

El vampirismo espiritual reinaba, allí, soberano. Por esa razón, no era posible determinar quién era el más desventurado y dependiente: si el ser que estaba reencarnado, o su explotador psíquico, que se acoplaba a él para absorber todas sus energías, además de los vapores exhalados por la drogadicción.

Para colmo de la osadía, se sumaron algunos hábiles obsesores, enviciados, que se habían mezclado con los dependientes y trataban de controlarlos, a través de la mente, para concretar un ataque masivo durante la reunión doctrinaria que tendría lugar en la Institución. Su objetivo era propiciar hurtos y generar pánico entre los concurrentes. Unos ocho o diez enfermos se dirigían en aquel momento al edificio, guiados por un terrible verdugo desencarnado, que provenía directamente de las *Cavernas* en donde se refugiaba.

El director espiritual había inspirado al presidente de la Casa, el hermano Ovidio, para que reforzase las defensas del salón, colocando vigilantes atentos, que estuviesen preparados para intervenir con tranquilidad ante el primer movimiento de perturbación o, incluso, evitando que los agresores se introdujeran en el recinto.

Nos invitó a que nos dirigiéramos a la sala de conferencias, donde aquella noche iba a estudiarse, en el Capítulo XIII de *El Evangelio según el Espiritismo -No sepa tu mano izquierda lo que da tu mano derecha-*, el ítem *Hacer el bien sin ostentación*.

La expositora era la hermana Vicenza, la médium devota cuya existencia constituía un verdadero patrimonio evangélico, gracias a sus renuncias, a su abnegación y a la devoción al Bien, en la acción iluminadora de la caridad.

Nos dirigimos hacia el hermoso recinto, y nos acomodamos cerca de la mesa de trabajos, donde se encontraban el hermano Ovidio, la invitada y, además, dos miembros directivos de la Institución.

El mentor se encontraba en la puerta de entrada del salón, aguardando a los enfermos espirituales, al lado de los compañeros encarnados y de algunos generosos trabajadores desencarnados, que también estaban advertidos.

La devota cristiana comenzó a hablar, manteniendo la atención de todos concentrada en ella. Apenas transcurridos diez minutos, escuchamos un barullo ensordecedor que provenía de afuera y, a una señal del benefactor, nos dirigimos hacia la puerta principal, donde nos encontramos con una escena terrorífica: dentro de una nube oscura, con descargas mentales viciosas y de bajísimo tenor, se movían diversos individuos, intensamente consumidos y vampirizados, que discutían a los gritos, acicateados por Espíritus viles. Otros, desocupados, sin saber de qué se trataba, los acompañaban. Al frente venía el instigador y comandante, que parecía controlar a la turba, al borde de la alucinación. Algunos de los pacientes se encontraban en estado de conciencia alterada; otros, casi enloquecidos, y otros vociferaban, levantando los puños en actitud agresiva.

Providencialmente, cuando ya llegaban a los escalones de acceso a la puerta, esta fue cerrada, y algunos trabajadores del Bien enfrentaron a la turba con palabras mansas pero categóricas, para definir la situación.

Un joven -dominado por el vengador-, que llevaba en la mano una hacha de cortar leña, avanzó con actitud violenta, mientras blasfemaba y se retorcía con desesperación, pero lo detuvo uno de los vigilantes, que lo contuvo enérgicamente, evitando lastimarlo y, también, que lo hirieran.

Ante la defensa perfectamente organizada, los Espíritus aturdidos se desbandaron en un griterío, prometiendo que retornarían tan pronto como les fuera posible; no obstante, la zona quedó impregnada de fluidos deletéreos, que más tarde serían diluidos.

Si no se hubiesen adoptado medidas de precaución, habríamos sufrido una invasión de resultados dolorosos, con perjuicios financieros, morales y espirituales.

Algunas de las personas que se encontraban en la sala percibieron el movimiento que tenía lugar en el exterior, pero se mantuvieron tranquilos, pues sabían que las providencias acordes con la situación estaban siendo adoptadas, y que todo terminaría en paz, como en realidad sucedió.

Curiosamente, algunos de los obsesores de los pacientes drogados habían permanecido frente a la entrada, perturbados. Al frente de ellos se encontraba el mencionado jefe, que volvió a la carga, esta vez sin la víctima encarnada. Dado que las defensas espirituales estaban esmeradamente cargadas de energía, lo que les dificultaba el ingreso, el hermano Elvidio abrió un corredor vibratorio, por donde esos Espíritus se introdujeron creyendo que se trataba de un logro de ellos, y allí permanecieron, sin que pudieran retroceder, mientras la expositora aludía a la caridad hacia los desventurados y los perturbadores, enemigos del Bien…

La reunión prosiguió en un clima de armonía, y la oradora, muy inspirada, fue perfectamente entendida por los oyentes, cuyos corazones resultaron confortados por las dulces esperanzas del Evangelio. A continuación, se aplicaron pases colectivos a los presentes, y los trabajos concluyeron sin alteraciones que pudieran resultar perjudiciales.

Impregnaban el ambiente peculiares vibraciones, que denotaban una agitación fuera de lo habitual.

Con posterioridad al fracasado intento de invasión, percibimos que una verdadera horda de Espíritus belicosos rodeaba el edificio.

Las barreras vibratorias de seguridad se encontraban reforzadas, y observamos que había Entidades bondadosas realizando tareas, atentas a las órdenes superiores que las conducían.

El noble hermano Macario había sido informado de que aquella sería una ocasión especial, y resolvió, de común acuerdo con nuestro mentor y con el hermano Elvidio, propiciar la comunicación del *mulán*, con quien ya había mantenido un diálogo previo, y que se encontraba allí hacía varias horas, aguardando en una sala especial, sometido a una densa carga somnífera mediante hipnosis.

Los jefes de los grupos perturbadores tomaban nota de los daños causados por sus agresiones a numerosos grupos de diferentes ciudades, en los cuales ejercían -desde tiempo atrás- una interferencia perjudicial.

No obstante, el intento de desacreditar a Jesús y a Su doctrina, a través de la fragilidad de algunos de Sus discípulos, era reemplazado por la potencia de la fe de los nuevos servidores abnegados, responsables de la revitalización de las células evangélicas de diversas denominaciones, que se multiplicaban en el planeta, especialmente aquellas que estaban bajo la responsabilidad de *El Consolador*.

Los malos percibían la acción de las caravanas del Más Allá, que fortalecían a los luchadores agotados, y se sintonizaban con los servidores fieles.

El Señor jamás dejó a solas a aquellos que se habían entregado a Él en una manifestación de amor.

Invitados por el benefactor a una reunión previa, en la sala mediúmnica, durante las primeras horas del amanecer, con la presencia de numerosos sembradores reencarnados que colaboraban en la Sociedad, además de aquellos otros de nuestro campo vibratorio, escuchamos al mártir del pasado, en su exhortación:

-¡Hermanos queridos!

"¡La hora urge! Los acontecimientos funestos que enlutaron la Tierra a comienzos del siglo, a través de los actos de terrorismo colectivo e individual, fueron elaborados en las Esferas espirituales inferiores y trasladados hacia el mundo físico.

"Uno de sus jefes reencarnó, tiempo atrás, con la infamante tarea de aterrorizar al planeta mediante su siniestra conducta y su falta de sensibilidad, y se halla sometido al tenebroso comando de las Tinieblas, de las cuales participaba…

"La Providencia Divina inspiró las reacciones internacionales, y tuvo lugar -algún tiempo después- la *Primavera árabe*; pero los reclamos del odio de los alucinados por el fanatismo incendiaron el oriente -y amenazan a occidente- con las llamas destructivas que todo lo devoran, ocasionando la desdicha de millones de desafortunados, que fueron expulsados de sus tierras y huyen hacia campamentos horrorosos, mediante rescates ultrajantes. No obstante, el Señor vela por todos, y este problema ha merecido compasión y misericordia, en este proceso de depuración del planeta en transición.

"La humanidad afronta, una vez más, uno de sus graves momentos históricos, porque la voluptuosidad de los trastornados no tiene como meta la defensa de un ideal, sino la sed del crimen hediondo, de las muertes sangrientas, para someter a la sociedad a través del terror.

"Los benefactores de la humanidad se reunieron al amparo de las bendiciones de Jesús, para que Él interviniese, como otras veces, antes de que la ola de crueldad llegara a niveles que nunca antes había alcanzado.

"Y el Señor los atendió, movido por una incomparable compasión hacia los actuales verdugos de sus hermanos.

"Aún verteremos abundante llanto, antes de que las nubes cargadas de rencor cedan lugar al sol de la fraternidad.

"Las falanges de la Luz trabajan con acendrado afecto y sacrificio, no solo mediante el rescate de los perversos que luchan, sino también reencarnando en masa para la gran batalla -decisiva- que será trabada en el mundo físico…

"El Señor confía en nuestra humilde contribución, en nuestra devoción. Pronto dialogaremos con nuestro desdichado hermano, para dar por concluida una etapa de elevada significación.

"¡Confiemos!"

Todos nos encontrábamos visiblemente emocionados.

Reconocíamos ser insignificantes obreros, pero no comprendíamos que esa humildísima actividad, a la cual estábamos vinculados, tendría una repercusión muy significativa y de cierta relevancia.

No eran aún las dos de la madrugada, cuando el hermano Elvidio pronunció la plegaria de apertura de la reunión.

Sentados a la mesa, además de él y del presidente Ovidio, los médiums abnegados aguardaban en un clima de concentración profunda.

El Dr. Bezerra de Menezes condujo, personalmente, junto con dos enfermeros, al *mulán*, quien fue atraído por la mediumnidad de la señora Vicenza, de modo que se incorporó en ella con facilidad.

Despertó de inmediato y, sorprendido, exclamó:

-¿Otra vez? ¿Qué deseáis de mí? ¿Cómo os atrevéis a retenerme contra mi voluntad, en vuestro antro? ¡Veo que seguís siendo traidores y brutales!

Con serenidad afectuosa, el venerable Macario le respondió:

-Noble *mulán*, te encuentras aquí por voluntad propia, dado que anteriormente viniste en actitud agresiva contra la labor de Jesucristo.

-Y continúo con el mismo y firme propósito. El *Cordero* tiene que ser inmolado nuevamente, para la auténtica gloria de Alá. Hemos invertido siglos de trabajo y organización para vengarnos de la crueldad que padecemos, y para la implantación de la fe musulmana en el mundo.

-¿Con qué objetivo, hermano? Jesús reina en millones de vidas, y todo intento de anularlo no es más que un vano delirio. Él ha invertido en nosotros millones de años de expectativa, de amor y de paciencia...

-¡Mahoma es el Profeta, y Alá es el Señor!

-Eso no me parece cierto, porque entre vosotros, los chiitas y los sunitas, Alá parece dividido, ya que os matáis unos a otros en genocidios inconcebibles. ¿Por qué os separa tanto odio?

-Vosotros también estáis divididos en nombre del Cristianismo. ¿Cuántas denominaciones pretenden la posesión de la verdad, de la que Él habría sido su supuesto portador? ¿Por qué la maldita Inquisición, la persecución a los herejes?

Había resentimiento y rencor en esa respuesta.

-En el pasado -sostuvo Macario-, cuando predominaba la ignorancia, madre del egoísmo y de la presunción, las criaturas humanas se atribuían valores excesivos, pues suponían que eran capaces de administrar el Reino de los Cielos, pese a que se encontraban en la temporada carnal. Se valían de la fe religiosa como de un instrumento político, para ejercer el poder engañoso, pero la muerte siempre las sorprendía cuando esperaban disfrutar de las glorias, y eran transferidas hacia regiones de pavorosos sufrimientos, donde permanecían durante un tiempo indeterminado, que les parecía eterno… Lamentablemente, la embriaguez de la carne conserva -en la actualidad- una cantidad significativa de esos seres en las mismas condiciones, que derivarán en padecimientos inenarrables, porque nadie consigue anestesiar la conciencia indefinidamente, y las Leyes vigentes en el universo se imponen con rigor, cobrando respeto a sus frágiles infractores. Las urdimbres de intrigas y calumnias, de resultados positivos en el mundo de las pasiones, son desenmascaradas por la realidad, y solamente los valores del Bien tienen vigencia para la conquista de la armonía interior, fundamental para la plenitud.

-Poco me interesan tus reflexiones… Las armas son aún los más eficientes recursos para someter a las criaturas rebeldes a nuestros propósitos. No confiamos en la solidaridad, que se disipa ante la abundancia de dinero, ni en el honor que se pervierte con facilidad. Aprendimos, con el Profeta Serenísimo, que el Islam dominará al mundo, el cual debe ser despreciado con miras al deleite posterior a la muerte, en el Paraíso de los goces infinitos.

-Por lo que puedo deducir, noble *mulán*, a pesar de que has sido una víctima -según lo proclamas-, no encontraste el Paraíso de la sensualidad, de la glotonería, de las pasiones humanas y serviles, sino todo lo contrario, pues te contorsionas en las convulsiones de la agonía, en los tormentos del odio… ¿Dónde has estado durante todo ese período, a partir del momento en que fuiste masacrado, en el siglo XVI? Por cierto, de conformidad con el Corán, estuviste en el Infierno de los padecimientos inenarrables, después de atravesar algunas de sus siete puertas, para detenerte en una zona de rebeldía y desesperación.

"Jesús, en cambio, nos ofrece un paraíso de armonía y de progreso, de belleza, donde el amor trasciende las falsas necesidades del organismo somático, y donde no hay codicia ni sed de placeres. No obstante, eso se conquistará durante la jornada en el mundo físico, a través de la serenidad y la compasión por el prójimo, cualquiera sea su origen, su creencia, su condición social o económica. La ley de Amor tiene una poderosa vigencia, porque sustenta el Cosmos, dado que el Padre es Amor."

Entre tanto, como el Espíritu -en estado de alucinación- percibía que le era imposible maltratar a la médium mediante la emisión de fluidos morbosos, se retorcía en la ultrasensible envoltura de la abnegada misionera.

En su tormento, que inspiraba compasión, emitía sonidos extraños, que bien podían ser frases pronunciadas en un dialecto semejante al idioma árabe.

El hermano Macario, en ese momento, imploró el socorro del Maestro de la Compasión, y una Entidad venerable descendió y se materializó en el recinto, irradiando claridades diamantinas. Respetuosamente, se dirigió al rebelde:

-*Ibn Said*, loado sea el Padre Misericordioso y Único.

La voz poseía la dulzura del amor, y la expresión de los ojos y del rostro se exteriorizaba en una delicada luz, que envolvió al comunicante, quien no pudo ocultar la sorpresa y gritó, con llanto convulsivo:

-Santo *Imán*[3], ¿cómo es posible que vengas a buscarme al Infierno, en este estado de desgracia en que me encuentro, abandonado por Alá?

-El Excelso Creador nunca olvida a aquellos que engendró… Tú no eres un desgraciado, solamente estás dominado por el mal, que se ha instalado en tus sentimientos y te empuja lejos de Aquel que es la Vida misma.

"He venido a buscarte, para que descubras que solamente existe un Dios, al que poco le importa Su nombre, y cuyo mensaje es el amor vivo que un día gobernará la Tierra, tan pronto pasen las tempestades de los odios y de las humanas pasiones.

"Eres sincero en tu fe, pero estás equivocado en su interpretación.

"Hoy sabemos que Jesús reina soberano, y que Mahoma es también su profeta, pero que se excedió cuando se vio perseguido por aquellos que no aceptaban el Corán -cuando él comenzó a difundirlo por el mundo árabe de

---

3 – *Imán*: autoridad religiosa de la doctrina musulmana, que significa textualmente *aquel que guía, aquel que selecciona, aquel que está adelante* (Nota del autor espiritual).

entonces-, por lo que recurrió a la guerra, aunque debía ser un emisario de la paz. El fracaso de algunos misioneros ocurre siempre de ese modo, cuando se olvidan de que están al servicio del Señor, y no al servicio de su propia voluntad, deseando implantar el mensaje conforme a sus deseos, y no cuando las circunstancias lo permiten.

"Jesús ha sido el único que se sometió por completo a la voluntad del Padre Celestial, de modo que se convirtió en el ejemplo máximo de fidelidad.

"¡No continúes en rebeldía contra el *aguijón*!"

El Espíritu, estremecido, lloraba copiosamente. Fue retirado del instrumento mediúmnico de doña Vicenza, y la noble Entidad lo mantuvo en estado de adormecimiento.

Con una sonrisa delicada, de profunda significación, el *Imán* se alejó conduciendo su liviano fardo, después de que intercambiara una mirada significativa con el hermano Macario.

Diversas entidades musulmanas, que habían quedado retenidas en la sala de conferencias, y luego trasladadas hacia el recinto de la reunión mediúmnica, al amparo del aura del Embajador espiritual -que irradiaba luminosidad-, fueron detrás de él, arrastradas por su magnetismo.

Delicadas armonías impregnaban el aire, con un suave y agradable aroma.

Todos estábamos emocionados, con lágrimas que se escurrían como un bálsamo sobre nuestros rostros.

El hermano Macario solicitó, al benefactor, que la reunión se diera por finalizada, porque a continuación deberían tener lugar otras labores.

La plegaria fue pronunciada con total unción y, después de concluida, los invitados fueron conducidos de regreso a sus hogares, mientras los desencarnados volvían a las actividades pertinentes.

Miré el reloj de la sala y noté que había pasado apenas una hora, que significaba una gloriosa victoria de Jesús sobre el mal que aún predomina en el mundo.

Pocos minutos más tarde estábamos -los miembros de nuestro grupo, el hermano Macario y los mentores de la Sociedad- atendiendo a los hermanos en sufrimiento que eran recibidos allí para un posterior traslado hacia nuestros centros de socorro, en la Colonia Redención.

17

CONCLUSIÓN DE LA TAREA

Nuevos compromisos nos convocaban a diferentes Instituciones -en varias ciudades-, en las cuales se habían instalado las fuerzas del Mal, a consecuencia de la falta de vigilancia de sus miembros.

Descuidados en lo atinente a la elevada responsabilidad que es consecuencia del conocimiento espírita, muchos de los adeptos de la sana doctrina eran negligentes en relación con sus compromisos, y los abandonaban con pretextos injustificables. Entre ellos, la supuesta necesidad de asumir nuevos trabajos remunerados, para satisfacer los reclamos de la existencia física; y también las decepciones en relación con el comportamiento de otros compañeros espíritas, con el absoluto olvido de que Jesús es el único Maestro y modelo, que no ha indicado a nadie como compañía, excepto a Él mismo... Otros, más insensatos aún, aturdidos por sus conflictos, transformaron el Centro Espírita en un club de diversiones, o en un escenario para ocultar sus frustraciones, haciendo exhibición de pantomimas o discursos de complicada terminología, ajenos al objetivo de evangelización de las masas atormentadas, que acuden en busca de consuelo moral y seguridad espiritual.

Inevitablemente, las luchas internas por el poder -¡falso poder!-, las discusiones interminables por cuestiones sin importancia -a las que la presunción atribuye un elevado significado-, las críticas y las maledicencias, fueron sustituyendo las conversaciones edificantes. Así, el elevado nivel de los valores doctrinarios pasó a un plano secundario, dando lugar a las invasiones perniciosas de los Espíritus frívolos y odiosos, que en la actualidad conspiran contra la legítima cristianización de la sociedad.

Dado que el Espiritismo cuenta con la mediumnidad como instrumento para demostrar la inmortalidad del ser -como ocurría entre los apóstoles y los primeros mártires del pasado-, el fenómeno se fue transformando en un motivo de exhibición, con demostraciones especialmente programadas para atraer espectadores -no siempre interesados en su seriedad-, de modo que se convirtió en un trofeo para la fascinación en los escenarios y en los espectáculos de beneficencia. En esa área, también la literatura mediúmnica experimentó la presencia de la vulgaridad y de la aventura, y se transformó en un objeto de comercialización mediante pretextos que no siempre son verdaderos, generando confusiones entre los adeptos poco informados.

Si bien no pretendemos hacer un inventario de referencias poco dignas, no nos es lícito dejar de referirnos a los motivos de perturbación que comenzaron a generar incomprensiones y problemas en el corazón de los servidores fieles.

El Espiritismo es una bendición del Cielo que se esparce sobre el sufrimiento de la Tierra, en respuesta a los llamados de aflicción de quienes anhelan la salud y la paz. Como estrellas luminosas, que descienden del firmamento para disipar la oscuridad de la noche, los Espíritus elevados intentan instaurar el predominio de la armonía entre los seres humanos, en nombre de Jesús descrucificado.

Los hábitos enfermizos de muchos de los adeptos -quienes no los han superado, sino que los preservan y los aplican en sus relaciones tumultuosas-, han estado contribuyendo a que las Instituciones se aparten de los objetivos para los cuales fueron creadas: albergar la esperanza y el consuelo moral, colocándolos al alcance de los necesitados de todo tipo. En el lugar de la sencillez y la fraternidad, se forman grupúsculos cerrados donde compiten las indumentarias elegantes, en verdaderos desfiles de vanidad, que de alguna forma humillan a aquellos que no pueden presentarse en las mismas condiciones. Estos son recibidos con cierta acrimonia, o no encuentran a nadie que les conceda alguna atención, ni tampoco el respeto al que tienen derecho en la Casa de Jesús.

El antiguo modelo de la Casa del Camino, dirigida por Pedro en compañía de Santiago y de Juan, es otra figura del pasado que aún conmueve, pero que no se repite en las modernas instalaciones, cada vez más lujosas en el exterior, y vacías de espiritualidad por dentro.

Es indispensable volver a la simplicidad evangélica, incluso teniendo en vista los modernos modelos de la cultura, del comportamiento, y las circunstancias sociales y ambientales.

La humildad es una virtud muy olvidada, pese a que el Maestro la destacó en todo su apostolado.

No puede ser que el aturdimiento del siglo trasponga las fronteras de la Sociedad Espírita, para que en ella reciba hospitalidad y gane espacio.

La alegría no se debe convertir en barullo. La bendición por la satisfacción del servicio en nombre de Jesús, tiene como objetivo fortalecer las mentes y los corazones, pero no debilitarlos, dando lugar a quejas y reclamos.

Hay mucho servicio por realizar, que no debe ser postergado, pues ocasionaría perjuicios a la siembra de la Luz.

Estas y muchas otras reflexiones eran temas de nuestros estudios, mientras colaborábamos en diferentes lugares y, en especial, en las comunicaciones mediúmnicas, convocando a los compañeros al despertar ante las nuevas circunstancias amenazadoras.

Afortunadamente, la cantidad de servidores fieles, comprometidos con el programa del Maestro, es muy significativa, y ellos se encuentran conscientes de las responsabilidades que les atañen, sobre todo en la preservación de los postulados doctrinarios, así como en su aplicación en la vida cotidiana.

Una ola de vibraciones saludables -sustentada por las mentes activas y los sentimientos de caridad- está en acción, a fin de que las Tinieblas sean transformadas en claridades diamantinas, y aquellos que aún se encuentran sumergidos en sus densas edificaciones se liberen antes del gran exilio…

Nada impedirá el avance del progreso; ninguna fuerza logrará el éxito oponiéndose al divino programa de ascensión del planeta a la categoría de *mundo de regeneración*, conforme viene ocurriendo.

Jesús comanda ese emprendimiento, y una verdadera legión de servidores, de todos los tiempos, se halla en proceso de reencarnación, a fin de apresurar el gran cambio.

En los proyectos divinos no existe la improvisación ni la aventura. Todo es planificado con esmero, y analizado teniendo en vista la situación moral y espiritual de sus destinatarios.

Siempre ha sido así, y cuando se piensa que ya no hay solución para ciertas situaciones embarazosas y aparentemente imposibles de superar, de repente surgen resultados liberadores.

Basta con que nos detengamos a observar la aparición de las pandemias, que segaron millones de vidas a través de la Historia, y notaremos que comenzaron inesperadamente; y que cuando ya no se esperaba ninguna victoria de la salud, desaparecieron… Así sucede hasta hoy, porque los procedimientos de aparición y aniquilamiento tienen origen aquí, en el Más Allá, incluso en la actualidad, cuando se cuenta con los providenciales recursos de la Organización Mundial de la Salud, entre otros.

Por lo tanto, nunca se debe dudar de la protección del Señor.

Los días transcurrían en trabajo continuo, porque a cada momento éramos invitados a intervenir en alguna situación de emergencia espiritual.

Las nubes borrascosas se volvían más densas, como una reacción lógica de los adversarios de la Luz, que pretendían intensificar los perjuicios de sus lamentables ataques contra la amplitud del Bien.

De ese modo, nuestros compromisos seguían el organigrama establecido previamente, en especial en las Sociedades donde habíamos estado desempeñándonos, comandados por el venerable apóstol de la caridad, con la supervisión del mártir cristiano.

En consideración a la magnitud de los desafíos y de las luchas que se trababan en la corteza del planeta, a medida que cada grupo espiritual de trabajo completaba la labor para la cual había venido a la Tierra, retornaba a su comunidad en el Más Allá, y otros nuevos descendían a las sombras del planeta, semejantes a estrellas luminosas que se introducían en las capas superficiales más oscuras, dejando apenas una tenue señal de su claridad.

Así, en el transcurso del cuadragésimo día de nuestra permanencia en la Sociedad que nos había servido de sede para las tareas espirituales, después de que completamos las labores diarias, cuando el silencio exterior y las sombras de la noche envolvían el edificio que nos albergaba, el venerable Macario promovió una reunión de despedida, a la cual concurrieron los mentores de la Casa, agradecidos y emocionados.

Después de las palabras del hermano Elvidio, llenas de ternura y de afecto cristiano, el mártir sintetizó su pensamiento, al expresar:

-En el pasado, nosotros debimos padecer el circo, las fieras, el empalamiento, las hogueras, las crueles técnicas de la impiedad, que nos imponían abjurar de la creencia en Jesús, pero optamos por la muerte liberadora, con la certeza de la supervivencia radiante después de las cenizas orgánicas.

"Ahora, los verdaderos cristianos enfrentan en la Tierra situaciones de mayor desafío, aunque no tan dolorosas: las distracciones y los desvíos de conducta, que se han convertido en estímulos de vida; las comodidades y la liberalización de las costumbres, que atraen mortalmente hacia los abismos de los vicios y de la criminalidad; la promiscuidad moral y la ausencia de un afecto sincero, carente de interés sexual y otras compensaciones; la soledad y la falta de compañerismo saludable...

"Por otro lado, las interferencias espirituales negativas se vuelven mucho más peligrosas, debido a la intensidad del intercambio entre encarnados y desencarnados, en relación con los factores en juego, más atractivos para el placer, que llega hasta el agotamiento de los sentidos.

"La gran masa humana se encuentra hipnotizada por multitudes de explotadores espirituales, que se valen de ella a fin de dar continuidad a los viejos hábitos de la insensatez, aun cuando se dan cuenta de que carecen de envoltura carnal.

"A los espíritas fieles les corresponde la tarea de informar acerca de los peligros psíquicos, emocionales y morales, que rodean al ser humano en la actual circunstancia, advirtiendo que la tumba no es la puerta definitiva de disolución de la vida, sino el pasaporte hacia el país verdadero, donde se origina la vida, y hacia donde se retorna después de la trayectoria evolutiva.

"Sus ejemplos de dignidad y perseverancia en los propósitos elevados son la demostración de la excelencia de sus principios, fundados en la inmortalidad, que les proporcionan bienestar y alegría durante los desafíos evolutivos, libres de resentimientos y de desánimo.

"Nunca hubo, como en la actualidad, tantos recursos que posibilitan la victoria del ser humano sobre las pasiones primitivas. Los avances de la ciencia y de la tecnología le han proporcionado una mejor comprensión de la vida y de su finalidad, dando lugar al alivio de muchos padecimientos que antes eran insoportables, a pesar de que surjan más conflictos existenciales, como resultado de las conductas insalubres… Jamás se ha poseído un caudal de informaciones y de protección tan valioso como en la actualidad. Los Cielos, misericordiosos, envían embajadores que trabajan en el anonimato, o que se convierten en exponentes de las diversas áreas del conocimiento intelectual, a fin de que haya más alegría y se disfruten más bendiciones.

”Las opciones están al alcance de todo aquel que desee sinceramente la paz y la plenitud, en lugar de la desesperanza y la perturbación…

”Vosotros habéis aportado a nuestra Sociedad el cariño del Señor, y mediante vuestra labor de ternura y compasión, de esclarecimiento y socorro, numerosos seres desventurados han sido retirados de las jaulas donde se revolcaban, y son libres ahora, por el amor de Nuestro Señor Jesucristo.

”Llegará el día, cuando tengan mejores condiciones, en que bendecirán vuestro anonimato y vuestra abnegación.

”Id, pues, de retorno a la comunidad de donde vinisteis, llevando con vosotros nuestro amor, y dejando entre nosotros vuestro rastro luminoso.

”¡Jesús sea loado!”

Era indescriptible el llanto que nos dominaba a todos.

En ese momento, el venerable apóstol que nos dirigía, con voz emocionada, agradeció:

-Reconocemos nuestra pequeñez, y no tenemos cómo agradeceros a todos vosotros, que habéis confiado y nos propiciasteis los medios para que desempeñáramos una tarea para la cual no nos considerábamos con aptitudes, ni con los valiosos recursos del conocimiento y el sentimiento.

"Si no hubiéramos contado con vuestro auxilio y vuestra cooperación, no habríamos conseguido realizar siquiera una parte de la labor. Al verla momentáneamente concluida -porque otros discípulos del Amado deben continuarla- nos arrodillamos espiritualmente para besar vuestros pies andantes de la caridad, y nos levantamos para loar a Aquél que es la razón de nuestra existencia."

Llovían pétalos perfumados, tan delicados que desaparecían al contacto con nosotros, penetrando en nuestro organismo espiritual.

Un coro de voces entonaba el *Aleluya* de Handel, aunque no conseguíamos ver al grupo, casi angelical, de embajadores del Reino.

Dimos comienzo a las despedidas, después de la plegaria de gratitud con que se daba por concluida nuestra labor. Con los primeros exuberantes rayos del astro rey, iniciamos el viaje de retorno. Entonces, pudimos ver al querido planeta envuelto en nubes, a la distancia, en su gloriosa peregrinación por los espacios.

Made in United States
North Haven, CT
25 June 2024

54062719R00159